MUSIKALISCHER SPIEL RAUM

Frühbildung mit Wort, Klang und Bewegung

nach einer Idee von
Melanie Ries und Petra Ehrler

Mit freundlicher
Unterstützung:

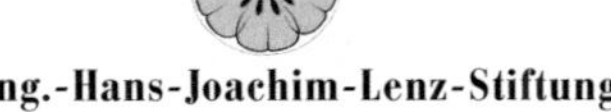

ISBN-13 978-3-938088-28-9
1. Auflage Oktober 2012

Bibliografische Information der Deutschen Bibliothek:
Die Deutsche Bibliothek verzeichnet die Publikation in der Deutschen Nationalbibliothek; detaillierte Daten sind im Internet über www.dnb.d-nb.de abrufbar.

Grafische Gestaltung: Andreas Willisch, Mainz
Fotos: Petra Ehrler, Rösrath
Druck und Vertrieb: Books on Demand GmbH, Norderstedt

Printed in Germany

INHALT

WORTE DER LEITERIN DES FAMILIENZENTRUMS

Kinder erforschen ihre Welt, diese Welt ist einzigartig und für Erwachsene unsichtbar. Sie entsteht und entwickelt sich in der Fantasie der Kinder und hat ihre eigenen Möglichkeiten, Lösungen und Regeln. Kinder sind neugierige Entdecker, die alles ausprobieren und vorhandene Materialien nutzen möchten. Dabei werden neue Wege sichtbar und Grenzen erfahrbar. In unserer Kindertagesstätte gibt es demnach 75 einzigartige Welten die miteinander in Kontakt stehen und sich gegenseitig bereichern. Wir Pädagogen verstehen uns als Begleiter dieser individuellen Lernprozesse.

Das Projekt »Die abenteuerliche Reise des Wassertropfens Pling« hat diese pädagogische Sichtweise perfektioniert und die Welt unserer Kinder bereichert. Auf hervorragende Art und Weise wurden die interessanten, naturwissenschaftlichen Fakten der unterschiedlichen Aggregatzustände des Wassers den Kindern offenbart und sinnlich erlebbar gemacht. Ich möchte mich bei Frau Ries und Frau Ehrler im Namen der Kinder und meines Teams vom Familienzentrum ZAK ganz herzlich für ihr besonderes Engagement bedanken.

Bergisch-Gladbach, im Mai 2012

FRÖBEL
Familienzentrum ZAK

Mareike Boljahn

... offen für das Wunder des Klangs ...

EINLEITUNG UND DANK

Jedes Kind ist in dem ihm eigenen Maße musikalisch, so wie auch jeder Mensch sprachbegabt ist. Und wie das Kind seine Sprache formt, indem es auf die Worte der es umgebenden Menschen lauscht, so wird mit dem Projekt *Musikalischer Spielraum* dem Kind eine musikalisch vielfältige und anregende Umgebung zur Entwicklung seiner vorhandenen Musikalität geboten. Leider ist in unserer Gesellschaft eine zunehmende Verarmung auf diesem Gebiet zu spüren. Eltern, die mit ihren Kindern regelmäßig singen oder sie an ihrem Instrumentenspiel teilhaben lassen, sind heute in der Minderheit und in den Medien findet sich nur noch eine rhythmische Monokultur. Wenn man jedoch bedenkt, dass das Ohr im embryonalen Stadium schon nach dem vierten Schwangerschaftsmonat das erste fertig ausgebildete Sinnesorgan ist und dass es auch in der Sterbephase den Menschen als Letztes verlässt, dann wird die Bedeutung des Hörens und Erlebens von Schall, Klängen, Tönen und Musik für uns Menschen deutlich.

Mit dem *Musikalischen Spielraum* ist ein Modellprojekt für Kindergartenkinder entwickelt und realisiert worden. Hier wird im freien Experimentieren Sprache mit Klängen und Bewegung verbunden. Die Basis dazu bildet eine erzählte Geschichte über die Reise eines Wassertröpfchens, zu der Kinder selbständig Klänge und Geräusche mit Instrumenten, Alltagsgegenständen oder dem eigenen Körper suchen und diese mit Tanz und Theater verflechten. Damit wird das große Interesse an Klängen, Rhythmus, Musik und Bewegung, das bereits die meisten jungen Kinder in sich tragen, in spielerisch-forschender Weise aufgegriffen und ein vielfältiges Experimentierfeld geboten. Die Kinder erleben ihre eigene musikalische Ausdrucksmöglichkeit und den Wert des künstlerischen Tuns für sich selbst, aber auch im sozialen Miteinander, denn die Sprache des Klangs verbindet alle Menschen gleich welcher Nationalität.

In dieser Dokumentation sind die Idee des Projektes (Kapitel 1), dessen Planung (Kapitel 2) und die Durchführung (Kapitel 3) im Kindergarten »Luise Ueding« des FRÖBEL-Familienzentrums ZAK in Bergisch Gladbach (NRW) dargestellt. 24 Vorschulkinder haben vier Monate lang an den turbulenten Abenteuern des kleinen Wassertröpfchens Pling teilgenommen und sich vom elementaren Prozess, der allem Leben zugrunde liegt, dem ewigen Wandel des Wasserkreislaufs, inspirieren lassen, diesen vertont und inszeniert. Sie konnten vielfältige Erfahrungen und Entdeckungen machen, die sie abschließend ihren Eltern in einer »Erlebnisaufführung« präsentiert haben. Was die Presse zu dem Förderprogramm schrieb und eine Pädagogin direkt nach der Aufführung sagte, steht in Kapitel 4. In der Abschlussbetrachtung (Kapitel 5) sind die Ergebnisse herausgearbeitet. Der Musikalische Spielraum ist in Zusammenarbeit zwischen Melanie Ries, freie Musikpädagogin, und Petra Ehrler, pädagogische Praxisforscherin, entstanden.

Unseren herzlichsten Dank möchten wir allen aussprechen, die an dem Gelingen des Projekts Anteil hatten. Die Hauptrolle spielten die Kinder. Ihre Offenheit, ihre Lust an der Veränderung, ihre Experimentierfreude zeigten, wie lebendig, forschend und reich im Erleben der junge Mensch ist. Ihre Achtsamkeit im Horchen auf Klänge ruft die besondere Bedeutung des Hörens wieder in Erinnerung. Wir danken allen Eltern und Verantwortlichen für das große Interesse und Engagement in der Sache, insbesondere Mareike Boljahn, der Leiterin des FRÖBEL-Familienzentrums ZAK in Bergisch Gladbach. In großer Dankbarkeit sind wir allen Mitwirkenden der Dr.-Ing.-Hans-Joachim-Lenz-Stiftung aus Mainz verbunden, ohne deren ideelle und finanzielle Unterstützung die Durchführung dieses Projektes nicht hätte stattfinden können.

Im April 2012
Melanie Ries und Petra Ehrler

1 EINE IDEE ENTSTEHT

Mit dem *Musikalischen Spielraum* soll dem Kindergartenkind ein Handlungs- und Erfahrungsraum zur Verfügung gestellt werden, in dem es eigenständig in die Welt der Klänge, Bewegung und Sprache hineinhorchen und sie Schritt für Schritt durch eigenes Tun erschließen kann. Denn wesentliche Voraussetzung für eine gesunde und harmonische Entwicklung des Kindes ist aktives, selbständiges Handeln. Spielerisch kann sich das Kind eine musische Welt erschließen, Instrumente ausprobieren, Lieder, Tänze und Theaterstücke erfinden, mit einem breiten Spektrum musikalischer Angebote arbeiten, eigene Ideen spinnen und auf seine Art ausführen, alleine oder in der Gruppe. Heute besteht kein Zweifel daran, dass Ungeborene schon im Mutterleib Worte, Klänge und Musik wahrnehmen und darauf reagieren, d.h. ein Kind vernimmt bereits Sprache und Musik, lange bevor es das erste Wort artikuliert und die erste Melodie anstimmt.[1] Diese Sensibilität für Musik, die Vertrautheit mit Klängen und Rhythmen, ist ein Grundphänomen menschlichen Lebens. Eltern und alle, die Umgang mit Kindern pflegen, wissen, dass sich Kinder von Musikquellen jeder Art angezogen fühlen. Gebannt lauschen sie musikalischen Darbietungen oder bewegen sich rhythmisch dazu. Musik ist, wie wissenschaftliche Untersuchungen belegen, für alle Phasen der kindlichen Entwicklung von großer Bedeutung.[2]

Musik steht in enger Verbindung mit Bewegung, ja Musik fordert geradezu Bewegung. Beide sind ein elementares Begehren aller Heranwachsenden. Sich rhythmisch bewegend, mit Tanz experimentierend, in Szenen darstellend, so kann das aktiv-lernende Kind seinen ganz persönlichen Ausdruck finden, Inhalte erleben und gestalten. Dem Hören, dem Hinhören und Zuhören, ebenso wie dem In-sich-Hineinhören soll dabei Bedeutung gegeben werden.

Grundlage und roter Faden bildet die Geschichte »Die Abenteuer des kleinen Wassertröpfchens Pling«. Das Kind kann diese nach seinem Empfinden vertonen, passende Klänge und Geräusche suchen, die dem Geschehen oder der Stimmung

Ausdruck verleihen und szenische Darstellungen erfinden. Dazu werden ihm ein vielfältiges Musikinstrumentarium und anregende Materialien zum Theaterspielen zur Verfügung gestellt. So schult es seine sinnliche Wahrnehmung, übt soziales Miteinander in der Gruppe und lernt zusätzlich den Leben bestimmenden Prozess des Wasserkreislaufs kennen.

Das Kind wird begleitet von Pädagogen, die anerkennen, dass der junge Mensch bereits alle Kraft besitzt, sich selbst zu bilden, und die wissen, dass er auf diese Weise seine Existenz begreift und formt. Sie geben ihm Orientierung im Prozess der Erschließung seines Potenzials, helfen so wenig wie möglich und so viel wie nötig, denn sie wissen, die Entwicklung des Kindes hängt allein von der Möglichkeit ab, eigene Entdeckungen zu machen.[3] Sie lassen das Kind mitschöpfen, zur Erkenntnis des eigenen Ichs und der ihm innewohnenden Macht gelangen[4] und bringen dabei ihre Eigenschaft als Vorbild zum Vorschein. Sie schaffen die wirklich freien Räume, in denen das Kind ohne Druck und Zwang in vorgezeichnete Richtungen, ohne begrenzt oder gar gebeugt zu werden, seine ureigenen Fähigkeiten entfalten kann.

Mit dieser Idee will der *Musikalische Spielraum* einen wesentlichen Beitrag zur vorschulischen Bildung und ganzheitlichen Persönlichkeitsförderung für Kinder im Alter von drei bis sechs Jahren leisten. Gleichzeitig sollen Eltern und allen Interessierten vielfältige Ideen und Anregungen für musikalische Gestaltungsmöglichkeiten gegeben werden.

---

1 W. Gross: *Was erlebt ein Kind im Mutterleib?* Herder Verlag, Freiburg 1982.

2 Vgl. dazu W. Gruhn: *Musikalische Lernstadien und Entwicklungsphasen beim Kleinkind.* In: H. Gembris, R.-D. Kraemer, G. Maas (Hrsg.). *Macht Musik wirklich klüger?* Wißner Verlag, Augsburg 2001 (Musikpädagogische Forschungsberichte, Bd. 8).

3 Montessori, Maria: *Grundgedanken der Montessori-Pädagogik,* zusammengestellt von Oswald, P. u. Schulz-Benesch, G., Herder, Freiburg 2001.

4 Wolf, Gabriela: *Die Macht des ICH. Zum Sein und Werden der Kinder und Jugendlichen,* BOD Norderstedt 2011.

2 DIE PLANUNG BEGINNT

Der Weg von der Idee des *Musikalischen Spielraums* zur Umsetzung in der Praxis in einem Kindergarten führt über den Entwurf eines Unterrichtskonzepts, der Erfindung einer Geschichte, dem Beschaffen der Materialien und einer Bemessung der Kosten.

2.1 Das Unterrichtskonzept

Die Unterrichtsreihe für Kinder im Alter von 3–6 Jahren besteht aus 15 Stunden zu je 60 Minuten (Gruppenstärke 8–10 Teilnehmer). 12 Stunden lang steht das Spielen und Experimentieren im Vordergrund, die nächsten beiden Stunden dienen der Vorbereitung auf die abschließende Aufführung. Die Stunden werden »Erlebnisstunden« genannt, da es hier nicht um den Nachvollzug von Vorgegebenem geht. Es werden keine vorgefertigten Lieder (außer im Anfangs- und Schlusskreis), Tänze oder Szenenvorschläge angeboten, sondern Freiräume gegeben, damit die Kinder selbst entdecken und experimentieren, hinhören und mitmachen können. Jede Erlebnisstunde ist strukturiert, um den Kindern Orientierung zu geben:

- wir singen gemeinsam ein Lied
- die Musikpädagogin erzählt eine Geschichte
- wir betrachten die Geschichte und
  - klären unbekannte Worte und Fragen
  - besprechen den Inhalt gemeinsam
  - sammeln Beobachtungen und Erlebnisse zu Wasser und Klängen
- wir erkunden Klänge, Tanz, Theater im freien Spiel und
  - erproben Orchesterinstrumente
  - stellen Instrumente selbst her und probieren »Alltagsinstrumente« aus
  - erzeugen Klänge mit dem Körper
  - nehmen Klänge/Musik wahr und übertragen sie in Bewegung
  - bewegen uns rhythmisch
  - sprechen rhythmisch
  - erzählen die Geschichte nach und weiter
  - stellen Geschichten szenisch dar

  - erfinden Tänze und Lieder
  - malen und zeichnen
- wir schauen uns Ergebnisse gemeinsam an und
  - stellen unsere Entdeckungen einander vor
  - spielen zusammen
- wir verabschieden uns mit einem Lied.

An Materialien kommen eine Vielzahl an Musikinstrumenten und klingenden Alltagsgegenständen zum Einsatz wie Geige, Cello, Harfe, Trompete, Flöte, Xylophon, Glockenspiel, Trommel, Regenstab, Mundharmonika, Becken, Rassel, Zimbel, klingende Stäbe aus Holz und Metall, Schellenring, Kastagnetten, knackende Plastikflaschen, Schneebesen, mit Sand oder Linsen gefüllte Behältnisse, knisternde Dinge, etc. Zum Theaterspielen und Malen wird ein Fundus aus Verkleidungsmaterialien, Tüchern, Bändern, Pappe, Papier und Stiften zusammengestellt.

Den Rahmen der Unterrichtsreihe bildet die Geschichte von Pling, dem kleinen Wassertröpfchen, das viele Abenteuer zwischen Himmel und Erde erlebt. Bewusst ist nicht irgendeine Spaßgeschichte gewählt, sondern eine Erzählung geschrieben worden, die den Wasserkreislauf als fundamentalen Prozess des Lebens, an dem wir täglich selbstverständlich und allzu oft gedankenlos teilhaben, als etwas Wunderbares, Spannendes und Großartiges herausstellt. Wasser ist das wichtigste und eigenartigste Urelement, dem Menschen vergangener Zeiten in gänzlich anderer Weise begegnet sind als heute: »*Aus Überlieferungen ist bekannt, dass Wasser einst in allen Kulturen als universales Symbol des Lebens und der Reinheit verehrt wurde.*«[1] Wasser als etwas Heiliges anzusehen, ist dem modernen Menschen fremd, aber ohne Wasser gäbe es kein Leben auf unserem Planeten – es herrschten Not, Armut, Dürre und Tod. Wasser ist Wandlung – stets in Bewegung, immer wieder erneuert und verändert erscheint es in den verschiedensten Formen: sprudelnde Quelle, Fluss, Meer, Tröpfchen, Nebel, Wolken, Regen, Hagel, Schnee, Eis, Gletscher, in Aggregatzuständen von fest, flüssig und gasförmig. In den Wasserkreisläufen erleben wir ein ewig sich erneuerndes Gleichgewicht, Mensch, Tier und Pflanze nährend. Wasser ist aber auch Sinnbild: Quelle der Besinnung und Erkenntnis,

Symbol der ewigen Erneuerung, des Wieder-Eins-Werdens mit dem großen Ganzen oder der Macht des Sanften über das Feste. Aus dieser Faszination heraus ist die Geschichte von Pling entstanden.

2.2 Die Geschichte: **Die Abenteuer des kleinen Wassertröpfchens Pling**

Die Erzählung besteht aus vier verschiedenen Abschnitten, die jeweils auch in kleinere Einheiten geteilt und damit dem Alter, der Konzentrationsfähigkeit oder den Bedürfnissen der Kinder flexibel angepasst werden können. Als Richtlinie gilt, einen Abschnitt als Stoff für drei Erlebnisstunden zu verwenden und diesen frei vorzutragen.

A Ich finde einen neuen Freund

Alles begann an einem grauen stürmischen Tag. Ich ging gerade an meiner Lieblingsbäckerei vorbei, da fiel etwas vom Himmel und landete geradewegs auf meiner Nase. Pling! Ich erschrak, wollte danach greifen, aber schon rutschte es von meiner Nase herunter und landete in meiner Hand – Pling – und da lag es nun ganz still. Lange schaute ich es an – es war ein schöner glänzender Wassertropfen, mitten auf meiner Hand. »Wer bist du und wo kommst du her?«, fragte ich dieses zauberhafte Wesen. Es antwortete nicht, aber je länger ich den funkelnden Tropfen anschaute, umso mehr interessierte mich, woher er kam. »Kleines Tröpfchen, woher kommst du, wohin gehst du?«, fragte ich noch einmal. Ich machte große Ohren und tatsächlich, das Tröpfchen begann zu erzählen:

»Schau nach oben, ganz nach oben, in den Himmel, von dort komme ich gerade. Ich hatte eine Zwischenlandung auf deiner Nase und nun bin ich hier und du schaust mich die ganze Zeit so fragend an. Kennst du mich nicht? Lange Zeit war ich dort oben, in den Wolken. Der Wind trieb mich über weite Strecken, über viele Berge und Täler, bis hierher. Es war eine lange Reise, bis ich auf deiner Nase gelandet bin. Da gäbe es so viel zu erzählen, ich glaube, ich war schon überall: im Himmel, in einem unterirdischen Fluss, in einem Baum, im Magen einer Kuh, an Bord eines Schiffes und mit den Fischen im Meer bin ich auch schon geschwommen. Ich heiße Pling, bin schon ganz, ganz alt und immer auf der Reise. Zum Beispiel jetzt, hier in deiner schönen, warmen

Hand, in der ich liege. Hast du schon bemerkt, dass ich ein wenig kleiner geworden bin, seitdem ich hier gelandet bin? Ich verdunste nämlich, wenn es warm ist. Dann werde ich unsichtbar und schwebe in der Luft und weil ich so leicht bin, fliege ich immer höher und höher. Die Sonne lockt mich an. In der Luft treffe ich dann meine Freunde, denn viele meiner Freunde schweben auch dort. Und je höher wir hinaufkommen, umso kühler wird uns. Dann rücken wir ganz nahe zusammen und plötzlich werden wir wieder sichtbar. Wir bilden dann nämlich eine Wolke, hoch oben im Himmel. Kannst du uns sehen? Mit dem Wind reisen wir weit über das Land. Manchmal bläst er uns an einen Berg und drückt uns zusammen. Dann gebe ich meinen Freunden die Hand, so werden wir schwerer und schwerer und fallen als Regen wieder hinab. Mal begleitet uns ein Sturm, manchmal auch ein Blitz. Und schließlich landen wir wieder auf der Erde, immer wieder an einem anderen Ort, aber davon muss ich unbedingt später einmal erzählen, denn das waren ganz abenteuerliche Reisen.«

B Pling reist tief in die Erde hinein und hoch hinauf in den Himmel

»Jetzt erzähle ich von einer langen Reise«, sagte Pling, »einer Reise, bei der ich tief unter der Erde landete. Aber zuerst war ich im Himmel. Wieder einmal schwebte ich mit meinen Freunden ganz hoch oben in einer Wolke. Wir freuten uns schon so sehr auf das nächste Abenteuer, dass wir vor Glück hin- und herhüpften. Wieder trieb uns der Wind bis an einen Berg, drückte uns zusammen, wir fassten uns an den Händen und ließen uns zur Erde fallen. Diesmal waren wir ein feiner Frühlingsregen. Ich tröpfelte mit einigen meiner Freunde sanft zu Boden: pling, pling, pling. Wir schauten uns um. Nichts als braune Erde, so sehr wir uns auch reckten und streckten, nichts als braune Erde. Nichts anderes war zu sehen! Was meinst du, wo waren wir gelandet? Ja, mitten auf einem frisch gepflügten Acker. Aber was war das? Plötzlich heulte der Wind auf und viele meiner anderen Freunde, die gerade noch hoch oben in der Wolke waren, sausten schnell zur Erde hernieder. Mit lautem Getöse prasselten sie auf den Boden. Die Erde um uns herum wurde pitschnass und immer weicher. Wir sickerten in den Boden hinein. Es wurde dunkler und immer dunkler. Was war denn das? Da lag eine dicke Kartoffel, sie wollte wohl dort keimen und wachsen. Aber diese dicke Kartoffel lag uns mitten im Weg. Wir mussten uns mühsam an ihr vorbeiquetschen. Dann ging die Reise weiter, immer tiefer und tiefer in die Erde hinein, vorbei an Steinen und Felsen, immer tiefer hinunter. Hier in der Erde sammelte sich sehr viel Wasser, in kleinen Rinnsalen, in Bächen und sogar in einem unterirdischen See, dem Grundwasser. Diesmal war ich sehr lange unterwegs, sehr, sehr lange, bestimmt ein oder zwei Jahre. Meine Reise nahm kein Ende, immer weiter ging mein Weg durch die Erde. Eines Tages aber wurde ich ganz plötzlich aus der Erde hinaus gedrückt. Ich sprudelte an das helle Tageslicht. Geblendet von der Sonne musste ich mich erst wieder an die Helligkeit gewöhnen. Ich war in einer Quelle und zum Glück waren meine Freunde auch hier. Aber was war denn das? Neben mir, direkt neben mir, stand ein durstiger Käfer. Er trank und schlürfte das Wasser. Glück gehabt! Ganz schnell schwamm ich an ihm vorbei. Da hatte ich wirklich großes Glück, denn sonst wäre ich direkt in seinem Bauch gelandet, wo ich doch gerade erst aus der Erde, aus dem Dunkel hinaus, hier ins Helle gesprudelt bin.

Nun hüpfte ich zusammen mit meinen Freunden in einem kleinen Bächlein. Lustige Geräusche machten wir. Es gluckerte und plätscherte, wenn wir über die Steine hüpften. Einmal, als ich gerade über einen ganz großen Stein gesprungen war, landete ich am Ufer, direkt auf einem Grashalm. Dort konnte ich mich aber nicht festhalten und rutschte und rutschte gleich wieder ins Wasser hinab – pling. Dann schwamm ich mit meinen Freunden weiter. Aber was war denn das schon wieder? Ich hörte ein merkwürdiges Geräusch. So etwas hatte ich noch nie gehört. Am Ufer des Baches drehte sich ein Mühlrad im Kreis, immer im Kreis herum. Und dabei ächzte und quietschte es. Plötzlich nahm mich das Mühlrad mit und drehte mich auch im Kreis. Ein, zwei oder drei Runden, mir wurde ganz schwindelig, dann fiel ich ins Wasser zurück zu meinen Freunden. Durch eine richtige Mühle war ich gesaust, eine alte Mühle, in der früher ein Müller das Korn zu Mehl gemahlen hat. Weiter ging meine Reise. Aus einem Tal, zwischen zwei Bergen, kam ein Bach und floss zu unserem hinzu. Dadurch wurde unser Bächlein fast doppelt so breit wie zuvor. Kannst du dir das vorstellen? Aber du wirst es nicht glauben, ein zweiter Bach kam und ein dritter. Schließlich waren es zweihundert kleine Bäche, die alle zusammen einen riesengroßen Fluss bildeten. Dieser Fluss hat auch einen Namen, den du vielleicht schon einmal gehört hast. Es ist der Rhein. Jetzt waren wir in einem richtig großen Fluss und wir sausten in Windeseile, drehten uns und schwappten von einer Seite zur anderen. Und dann passierte noch etwas ganz Witziges. Am Ufer des Rheins spielten ein paar Kinder mit einem Ball. Ihr großer roter Ball flog in eine Pfütze. Schnell lief ein Junge herbei und zog ihn aus dem Wasser heraus. Aber ich hing an dem Ball und flog mit ihm durch die Luft, bis zu einem Mädchen, das unter einem Baum wartete. Dort lag ich nun auf der dicken roten Kugel. Die anderen Kinder kamen hinzu und setzten sich unter den Baum. Ich hörte, wie sie sich unterhielten. Doch leider konnte ich nicht sehr lange zuhören, denn die Sonne kam, wärmte mich und nahm mich wieder mit auf Reisen. Ich wurde leichter und leichter und, was meint ihr, wie ging meine Reise wohl weiter?«

C Für Pling beginnt eine kalte Zeit

»Wisst ihr noch: Das letzte Mal erzählte ich davon, wie ich nach einer langen Reise unter der Erde und in einem großen Fluss wieder in den Wolken angekommen war. Diesmal war es hier oben in den Wolken sehr, sehr kalt. Wir, meine Freunde und ich, wir froren und froren, immer mehr. Der Wind trieb uns nach oben, wir hüpften von Wolke zu Wolke, hoch und immer höher ging es hinauf. Da passierte etwas ganz Merkwürdiges. Mit uns in der Wolke flog ein kleines Staubkörnchen. Meine Freunde und ich, wir hielten uns daran fest. Wir veränderten uns, wurden fest und unbeweglich und bekamen plötzlich sechs kleine Ärmchen. Da staunten wir sehr. Was geschah mit uns? Immer mehr Freunde kamen zu uns, hielten sich an uns fest und unsere Ärmchen wurden immer größer. Wir waren sehr schön anzusehen. Habt ihr schon erraten, was mit uns geschehen war? Ja, wir gefroren zu einer Schneeflocke, einer richtigen Schneeflocke. Wirklich wunder, wunderschön sahen wir aus. Und weil sich so viele Freunde die Hand gegeben hatten, waren wir wieder so schwer, dass wir aus den Wolken hinabflogen. Diesmal ging unsere

Reise nicht ganz so schnell. Wir tanzten leicht wie eine Feder durch die Luft, schwebten und landeten schließlich sachte, ganz sachte auf ... ja, wo waren wir denn jetzt? Hier war alles weiß, weißes Land, so weit wir blicken konnten. Einer meiner Freunde ahnte es: Wir waren wohl hoch oben in den Bergen direkt auf einem Gletscher gelandet. Wisst ihr, was ein Gletscher ist? Gletscher sind riesengroße Eisberge, uralte Eisberge. Manchmal wachsen diese Eisberge. Das geschieht, wenn sehr viel Schnee fällt, der nicht schmilzt. Der viele Schnee wird sehr schwer und wenn immer mehr Schnee aufeinander fällt, presst er sich zu Eis. Und wenn das Eis nicht mehr schmilzt und ganz lange dort liegt, dann nennt man das einen Gletscher. Dieses Eis, also der Gletscher, auf den wir nun gefallen waren, der war schon sehr alt, vielleicht dreitausend Jahre. Und nun dachte ich, dass wir auch so lange hier liegen würden und vielleicht auch dreitausend Jahre alt werden würden. Aber wisst ihr was: Schon am nächsten Morgen schien die Sonne, wir wurden wieder warm und immer wärmer und ... ja genau, wir schmolzen und wurden zu ... Wasser. Da hatte ich wieder einmal Glück, denn dreitausend Jahre im Eis liegen, das wollte ich nun doch nicht. Ich wollte gerne weiterreisen. Nun war ich wieder ein Wassertröpfchen und schwamm in einem kleinen Bächlein den Gletscher hinab. Und wie es dann weiterging, erzähle ich euch später einmal.«

D Pling erlebt Abenteuer im Meer

»Also, da schwamm ich nun mit meinen Freunden, den anderen Tröpfchen, im eiskalten Wasser den Gletscher hinab. Rings umher sah ich nur hohe Berge und zwischen den Bergen überall Gletscher. Aus jedem Gletscher kam ein Bächlein mit diesem eiskalten Wasser. So etwas hatte ich noch nicht erlebt. Es war hier klirrend kalt. Schnell wurde unser kleines Rinnsal zu einem reißenden Strom. Dieser hatte sogar so viel Kraft, dass er sich durch einen riesigen Felsen in einen Berg hineinfraß und dort, in einer Höhle, unter großem Getöse als Wasserfall hinabdonnerte. Wir wurden hin- und hergeschleudert, das kalte Wasser schäumte und spritzte und es war fürchterlich laut. Aber nicht lange. Schon ein paar Minuten später flossen wir recht gemächlich und ganz still durch ein wunderschönes Tal. Gebirgswiesen mit tausenden bunten

Blumen zu beiden Seiten des Flusses. Bienen summten um die Blüten herum und Schmetterlinge tanzten in der Sonne. Und nun ging es wieder auf eine lange Reise. Mal war ich in einem stillen See, dann wieder in einem Bach und je länger die Reise dauerte, desto größer wurde der Fluss, in dem ich schwamm. Dann, eines Tages, kam ich ins Meer. Hier war alles ganz anders. Kennst du Meereswasser? Es schmeckt salzig, fürchterlich salzig: Das Salz klebte an mir und allen meinen Freunden. In diesem salzigen Wasser leben ganz andere Fische als in den Flüssen. Sie sind bunt, so bunt, wie du es dir gar nicht vorstellen kannst. So gelb wie die Löwenzahnblüte im Frühling, so blau wie der Himmel an einem heißen Sommertag und so rot wie ein reifer Apfel im Herbst. Einmal sah ich ein riesengroßes Tier, einen Blauwal, der war so groß, dass ich, als ich an seinem Kopf vorbeischwamm, das Ende seines Körpers nicht sehen konnte. Vor ihm bin ich wirklich erschrocken, denn ich dachte nicht, dass es so große Tiere gäbe. Im Meer habe ich auch lustige Pflanzen gesehen. Sie wuchsen unter Wasser auf Felsen und hatten lange Arme, die sich ständig im Wasser bewegten, hin und her. Und die Fische schwammen mitten durch das sich bewegende Gestrüpp. Ich dachte, das müsse die Fische doch am Bauch kitzeln, aber irgendwie können Fische nicht lachen. Und einmal wurde ich im Sturm mit einer großen Welle auf ein Schiff gespült. Da lag ich nun an Deck, kullerte hin und her, je nachdem, wie die Wellen das Schiff schaukelten. Eigentlich wollte ich hier gerne ein wenig bleiben, denn hier war so viel Interessantes zu sehen. Aber es dauerte nicht lange, da kam die Sonne heraus, sie wärmte mich, ich wurde wieder leichter und leichter und schwebte schließlich davon, hoch in die Wolken. Auf dem Schiffsdeck, dort, wo ich eben noch gelegen hatte, war etwas Merkwürdiges zurückgeblieben: Ein kleiner weißer Kreis glitzerte und funkelte in der Sonne. Salz, ein kleines bisschen Salz lag dort. Und jetzt erst bemerkte ich, was geschehen war: Ich hatte mich gewandelt und war vom Salzwasser wieder zu Süßwasser geworden. Hoch oben in den Wolken traf ich dann alle meine Freunde und jeder hatte so viel zu erzählen, von langen und kurzen Reisen, von Menschen, Tieren und Pflanzen und von vielen Abenteuern auf der Erde. Sie redeten so viel, dass manchmal alle durcheinander redeten. Jeder wollte von seiner schönen

Reise berichten und so merkten wir gar nicht, wie uns der Wind weiterblies. Von Ferne konnte ich schon einen großen Berg sehen, an den würde unsere Wolke wohl bald schon wieder anstoßen. Da hüpften wir vor Freude hin und her und beschlossen, uns bald wieder zu treffen, um von den neuen Abenteuern zu erzählen, die wir auf der Erde erleben würden.«

2.3 Die Kostenbemessung

Der Kostenplan gibt einen Überblick über die benötigten finanziellen Mittel zur Durchführung und Evaluation des Projektes. Geplant ist, den *Musikalischen Spielraum* mit 3 Gruppen von jeweils 8–10 Kindern über 4 Monate durchzuführen:

Unterrichtskonzept	780,— €
Organisations-, Material-, Fahrtkosten, pauschal	300,— €
3 Gruppen, 45 Unterrichtsstunden × 2	2.700,— €
Vor- und Nachbereitung, inkl. Interviews	600,— €
Evaluation der Unterrichtsreihe & Dokumentation	480,— €
Unvorhergesehenes	300,— €
Gesamtsumme	5.160,— €

1 Lanz, Klaus: *Das Greenpeace Buch vom Wasser*, S.8, Naturbuch Verlag, München 1995.

3 PROJEKTDURCHFÜHRUNG

3.1 Eine Kindertagesstätte ist gefunden

Mit dem Kindergarten »Luise Ueding« im FRÖBEL-Familienzentrum ZAK (Zentrum für Aktion und Kultur) in Bergisch Gladbach konnte ein aufgeschlossener und engagierter Projektpartner gewonnen werden. Hier wird großer Wert darauf gelegt, Möglichkeiten zu schaffen, die erlauben, dass Kinder durch eigenständige Handlungen lernen und Erfahrungen sammeln können. Die Leiterin, Mareike Boljahn, schätzt die Idee des *Musikalischen Spielraums* sehr. Es beginnt eine Zeit der kooperativen Zusammenarbeit.

Für die Durchführung des Projektes von März bis Juli 2011 werden gemeinsam mit der Kindergartenleitung die Vorschulkinder des Kindergartens ausgewählt. So wird den 24 Fünf- und Sechsjährigen ein besonderer Abschluss ihrer Kindergartenzeit geboten. Sie sollen im *Musikalischen Spielraum* in 3 Gruppen jeweils 60 Minuten zusätzlichen Unterricht pro Woche erhalten. Der Kindergarten liegt in dem Stadtteil von Bergisch Gladbach, der 2008 den höchsten Anteil Alleinerziehender, den größten Anteil Arbeitsloser und die meisten Menschen mit ausländischem Pass der Stadt beherbergte.
Ein Herkunftsverzeichnis der teilnehmenden Vorschulkinder zeigt die Vielzahl ihrer Nationalitäten. Von neun Kindern sind beide Elternteile gebürtige Deutsche. Drei Kinder wachsen mit einem deutschen und einem Elternteil anderer Nation auf, nämlich aus Österreich, dem Iran und Kanada. Zehn Kinder stammen von Eltern anderer Nationalitäten, wobei beide Elternteile die gleiche Staatsangehörigkeit besitzen: Vier aus Pakistan, jeweils ein Paar aus Italien, Polen, Sri Lanka, aus dem Irak, Togo und aus Afghanistan. Zwei Kinder haben Eltern unterschiedlicher Nationalität: Ein Elternpaar kommt aus der Türkei und dem Irak, ein anderes aus China und Vietnam. Somit verstehen oder sprechen viele der Kinder neben der deutschen Sprache eine zweite und es findet sich in dieser kleinen Gruppe von Vorschulkindern eine wahre Sprachenvielfalt: Englisch, Französisch, Polnisch, Türkisch, Urdu, Vietnamesisch, Chinesisch, Kurdisch, Parsi und Tamil.
Folgende Mädchen und Jungen nehmen am Projekt teil:

Mädchen: Alissa (6), Antonia (5), Chiara (5), Friderike (5), Geraldine (5), Ilka (5), Jolin (5), Laura (5), Maria (6), Mehwisch (5), Niwasi (6), Nadia (5), Pakiza (6)

Jungen: Arda (6), Aryan (6), Baris (5), Leon (5), Luca B. (5), Luca G. (5), Omed (6), Phinnaeus (5), Saeb (6), Shajan (5), Tobias (6)

(Einige Vornamen wurden geändert, da kein Einverständnis der Eltern zur Veröffentlichung vorliegt.)

Melanie Ries unterrichtet als freie Musikpädagogin seit vielen Jahren im ZAK, kennt die Vorschulkinder und möchte den *Musikalischen Spielraum* mit ihnen erstmalig umsetzen. Sie besorgt die Materialien, leitet die Unterrichtsstunden, erzählt die Geschichte, steht den Kindern hilfreich zur Seite und bereitet die große Aufführung vor. Petra Ehrler, pädagogische Praxisforscherin, hat das Unterrichtskonzept entwickelt, ist in den Unterrichtsstunden anwesend, assistiert und spielt mit, sie dokumentiert den Ablauf, fragt am Ende des Projektes Erzieher des Kindergartens nach ihren Eindrücken und erstellt die Dokumentation.

3.2 Die Finanzierung ist gesichert

Durch die Fördermittelzusage einer *Stiftung zur Erneuerung geistiger Werte* konnte das Vorhaben schließlich realisiert werden. Die Dr.-Ing.-Hans-Joachim-Lenz-Stiftung aus Mainz (siehe: www.lenz-stiftung-mainz.de) setzt sich in besonderer Weise für die Förderung von Projekten ein, die als ergänzendes Angebot den staatlichen Kindergarten- oder Schulalltag bereichern. Dabei sollen vor allem neue Lehr- und Lernmethoden erprobt werden, die Kindern und Jugendlichen die Möglichkeit geben, selbst spielerisch forschend tätig zu werden, um so die eigenen Fähigkeiten zu entdecken und Grenzen auszuloten. Wissenserwerb statt Wissensvermittlung steht im Vordergrund.

Nach detaillierter Antragstellung mit Zeit- und Kostenplänen wurden stiftungsseits Mittel in Höhe von € 3.800,00 bereitgestellt. Der Kindergarten »Luise Ueding« und die Elternschaft der Teilnehmer brachten € 800,00 ein, die beiden pädagogischen Projektbegleiter jeweils € 280,00 als Eigenleistung.

3.3 Die Vorbereitungen laufen auf Hochtouren

Frau Boljahn bietet zur Durchführung der Erlebnisstunden einen Raum im ZAK an, der mit seiner großen Glasfront sehr hell wirkt, einen Blick in den schönen Garten erlaubt, mit viel freiem Platz zum Spielen. Wir ordnen ihn noch ein wenig, entfernen alles Überflüssige, denn wir wollen zu fast jeder Stunde Stationen mit Instrumenten, Verkleidungsdingen und einen Maltisch aufbauen. Dann wählt die Musikpädagogin die Instrumente aus. Im Kindergarten sind vorhanden: Chimes, Meerestrommeln, Rasseln, Kokirikos, Klangstäbe, Klangkugeln, Xylophon, Metallophon, Glockenspiele, Becken, Zimbeln, Guiro, Hapi, Regenstäbe und Schellenkranz und aus ihrem Privatbesitz fügt sie drei Geigen (1/8, 1/4, 1/2) und ein Cello (1/2) hinzu. Sehr viel Freude bereitet uns die Suche nach interessant klingenden Gegenständen aus Küche und Haushalt und so sammeln wir verschließbare Salatschüsseln, gefüllt mit Erbsen, Dosen mit Gummibändern versehen, Glasflaschen mit Plastikkorken, die beim Öffnen klingen, Schneebesen, Knackfolie, Kämme, kleine Säckchen, gefüllt mit Walnüssen, knisterndes Innenleben einer Pralinenschachtel, knackende Folien und Bänder, usw. Zum Theaterspielen und Tanzen werden noch einige Stoffe besorgt, die vorhandenes Material aus Kindergarten und privatem Fundus ergänzen, dann noch ein paar neue Pappen, Papiere und Stifte und schon ist alles bereit.

Vor Beginn der ersten Erlebnisstunde stellen wir den Eltern und Erziehern des Kindergartens an einem Informationsabend das Projekt vor mit der Anregung, sich zu Hause und in den Kindergartengruppen mit dem Wasserkreislauf zu beschäftigen und auf Klänge zu lauschen. So kann das Thema »Wasser« mit seinen vielen Facetten weiter erkundet werden, beispielsweise mit einem Ausflug zu einer Quelle, durch das Lesen von Geschichten über Wasser, Eis und Schnee oder das gemeinsames Entdecken von Lebensräumen in Bächen und Teichen. Auf Klänge können wir immer und überall horchen, wenn wir der Stille und dem Hören einen größeren Stellenwert einräumen. Es ist erstaunlich, wie viele gut klingende Alltagsgegenstände um uns herum stehen, die es nur zu entdecken gilt und mit denen ein gemeinsames Familienkonzert gestartet werden kann.

3.4 Eine Unterrichtsreihe als Klangerlebnis

Freitagvormittags, vierzehn Wochen lang, von März bis Juli, inszenieren jeweils 8 Kinder in 3 Gruppen die großen Reisen des kleinen Wassertröpfchens Pling. Den Abschluss bildet eine gemeinsame Aufführung aller Kinder für die Eltern.

Erlebnisstunde 1 — Geräusche erzeugen und aufmalen

Frohgelaunt stürmen die Jungen und Mädchen in den großen hellen Raum, einige sichtlich erfreut, Melanie Ries wiederzusehen. Mit einem Anfangslied begrüßen sich alle. Dann wird den Kindern vermittelt, was sie in den nächsten Stunden erwartet; dass die Unterrichtsreihe in Bild und Schrift nachgezeichnet wird, finden sie wunderbar. »Ich erzähle euch jetzt eine Geschichte«, beginnt die Musikpädagogin, »diese wollen wir mit Klängen ausstatten, damit wir auch hören können, wovon gesprochen wird. Wir vertonen also eine Geschichte. Und was wir entdecken, können wir später vor euren Eltern aufführen, die freuen sich bestimmt schon darauf.« »Und ich auch«, äußert Friderike ihre Freude.

»Jetzt berichte ich euch von Plings Abenteuern: Alles begann an einem grauen stürmischen Tag …«. Die Musikpädagogin erzählt frei von den Erlebnissen des kleinen Wassertröpfchens (siehe Kapitel 2.2). Aufmerksam hängen die Kinder an ihren Lippen. »Was hat euch an Plings Reise besonders gut gefallen?«, lautet die Frage, um herauszufinden, ob alle die verwendeten Worte kennen. »Wenn ich die Geschichte jetzt noch einmal erzähle, suchen wir Klänge, die ihr gerne dazu hören würdet. Wisst ihr, dass wir mit unserem Körper viele Geräusche erzeugen können? Lasst uns welche finden, die zu den Abenteuern von Pling passen.« Alle erheben sich und Melanie beginnt: »Es war ein grauer und stürmischer Tag. Habt ihr eine Idee, wie wir Sturm klanglich umsetzen können?« Sogleich zischen die ersten Stimmen durch den

Raum: »Huhuhh«. In kürzester Zeit finden sie vielfältigste Körperklänge für kleine bis riesige Stürme: Friderike pustet in ihre Hand, die sie nach rechts und links bewegt, staunend über die vielen unterschiedlichen Windgeräusche, die sie so erzeugen kann. Omed saugt durch seinen fast geschlossenen Mund Luft ein, ein kleiner Pfeifton entsteht. Aryan reibt seine Hände auf den Beinen und erweckt durch den Klang des Hosenstoffes einen zarten Wind. Omed greift die Idee auf, platscht mit den Händen auf seinen Schoß zu einem wilden Sturm. Baris quetscht durch seine fast geschlossenen Hände Luft, Tobias pustet und bewegt gleichzeitig die Zunge hin und her, Jolin stampft mit den Füßen und verkörpert so einen recht wilden Sturm, und Pakiza klatscht auf ihre Wangen, während sie durch den Mund ausatmet. Phinnaeus behauptet, Geräusche für einen wilden Sturm gefunden zu haben, wobei er freudestrahlend seine Handflächen auf der Stirn reibt, während seine Freunde verwundert schauen, denn sie hören fast nichts. Erst als sie seinem Beispiel folgen, erleben sie, dass es Geräusche sind, die jeder nur in seinem eigenen Körper hören kann, während es im Außen sehr still ist. Diese Entdeckung begeistert die Kinder. Sie klopfen am ganzen Körper, bis sie schließlich herausfinden, dass dieses Phänomen im Kopfbereich besonders stark ist. Auch zu anderen markanten Stellen der Geschichte finden sie interessante Körpergeräusche: zu Schritten im Matsch, wie Pling von der Nase rutscht, zum Glitzern des Tropfens und zum Verdunsten des Wassers. Gelegentlich nehmen sie auch die Sprache zu Hilfe: »pling – burupp – pling«, der Wassertropfen fällt auf die Nase und rutscht hinunter in die Hand. Das Erkunden des Körpers auf diese Weise scheint für viele interessant zu sein, sie begleiten ihre Entdeckungen mit Ausdrücken der Freude oder des Staunens. Während die meisten Kinder vor Ideen übersprudeln, sind andere recht still. Ein ruhiges Mädchen wird nach seinen Einfällen gefragt. Als sie nicht antwortet, lachen einige Umstehende, sie weint und verlässt den Raum. Zurückgekehrt berichtet sie freudig von verschiedenen Geräuschen, die sie in der Zwischenzeit im Haus vernommen habe, was zeigt, wie sehr durch diese Aufgabenstellung die Aufmerksamkeit auf das bewusste Hören gelenkt wird.

»Wollen wir die gefundenen Klänge aufmalen?«, fragt Melanie. Lust zum Malen haben alle. Viele zeichnen allerdings eher kleine Episoden der Geschichte, selten eine Darstellung des Klangs. Maria gelingt eine ganz individuelle Umsetzung: Sie skizziert neben einem Verkaufsstand ein Gesicht, aus dessen Mund heraus blaue Striche kommen, und erklärt, dass die Geräusche zu den Schritten im Matsch auf dem Weg zur Bäckerei mit dem Mund gemacht werden sollen. Auf ihrem Bild befindet sich auch ein Mädchen, auf dessen Nase der Wassertropfen gelandet ist. Unterhalb der Figur zeichnet sie in 5 verschiedenen Farben, dass der Klang des rutschenden Tröpfchens durch Reiben auf den Hosenbeinen zustande kommen soll.

Gegen Ende der Stunde möchte Omed fallende Regentropfen durch Bewegung darstellen. Er schwingt sich auf den im Raum liegenden Stapel aus Gymnastikmatten und springt auf den Boden. »Wie soll ich auf der Nase landen?«, fragt er sich und legt Tücher in Form einer Nase vor die Matten. Mehwisch will ihm helfen. Sie legen die verschiedensten Figuren, springen immer wieder darauf und rutschen auf dem Boden entlang, bis sie lachend in einer unsichtbaren Hand landen. Den beiden bereitet ihr Spiel so viel Freude, dass sie nach dem Abschlusslied noch eine Weile als Wassertropfen den Flur des großen Gebäudes entlangpurzeln.

Erlebnisstunde 2 **Instrumente ausprobieren und Klänge zuordnen**

»Könnt ihr euch noch an Pling erinnern?«, fragt die Musikpädagogin zu Beginn der Stunde. Und als ob es eine wirklich dumme Frage wäre, erntet sie ein betontes »Natürlich« und »Na klar«. Und dann erzählen Einzelne von sich aus kleine Episoden der Geschichte, die sie recht genau nacherzählen können. Jolin, ein chinesisches Mädchen, eigentlich sehr still, hat heute viel Freude am Nacherzählen. Dennoch möchten alle noch einmal die ganze Geschichte von der Musikpädagogin hören. Dazu erinnern sie viele der vor einer Woche gefundenen Geräusche oder entdecken ad hoc neue. Phinnaeus imitiert Schritte im Matsch, indem er mit seiner Hand diesmal zart auf seine Stirn klatscht. Dies bereitet ihm wieder sichtlich Freude, weshalb es alle nachmachen und in schallendem Gelächter enden. Ein anderes Kind macht durch vorsichtiges Aneinanderreiben seiner Hände verdunstendes Wasser hörbar und reckt sich dazu in die Höhe, um dem Wasser gleich hinaufzuschweben.

»Ich habe zu Hause den Boden gehorcht«, ruft Alissa aufgeregt, »und habe gehört, dass er ganz anders klingt, als der hier.« Sie liegt auf dem Holzparkett des Raums und drückt ihr Ohr an den Boden. Einen Moment lang staunen die anderen, dann probieren sie es auch aus. Stille, nichts bewegt sich. »Ich höre nichts, der ist ganz tot«, sagt ein Junge. »So nicht mehr«, antwortet Friderike, während sie mit ihren Fingernägeln über die Oberfläche des Holzes kratzt. Die Ohren fest an den Boden gepresst hören sie verschiedene Geräusche. »Das probiere ich zu Hause auch mal aus«, sagt Leon ein wenig zu sich selbst.

»Dann zeige ich euch jetzt etwas Neues.« Melanie geht zu dem geheimnisvollen Tücherberg in der Ecke des Raums. Erwartungsvolle Blicke verfolgen das langsame Heben der Tücher, bislang verdeckte Instrumente werden freigegeben. Zum Vorschein kommen ein kleines Becken, eine Meerestrommel, Glockenbändchen, ein Kokiriko (japanisches Holzinstrument), ein Chimes, eine Harpi (Schlitztrommel), eine Güiro (Ratschgurke), ein Xylophon, ein Caxixi (Körbchenrassel), eine Affenbrotbaumrassel und diverse Schlägel. »Oh, was ist denn das?« Viele Instrumente sehen die Kinder zum ersten Mal, sie schauen sie sich genauer an. Die Namen interessieren weniger, sie möchten die Dinge erst einmal anfassen und ausprobieren. »Jeder darf sich ein Musikinstrument aussuchen.« Schon geht ein Gerangel um die größten Trommeln los. »Oh, wartet mal, einer nach dem anderen sucht aus«,

ruft die Musikpädagogin und so erhält jeder seinen Favoriten, untersucht, probiert aus und entlockt die verschiedensten Töne, bis schließlich der ganze Raum mit klingender Vielfalt erfüllt ist.

»Jetzt erzähle ich euch noch einmal die Geschichte vom kleinen Wassertröpfchen Pling und wir suchen nach passenden Klängen auf den Instrumenten.« Nach jedem markanten Abschnitt hält die Musikpädagogin inne, damit die Kinder Zeit haben zum Experimentieren. In der ersten Gruppe bleiben sie noch im engen Kreis dicht beieinander sitzen; als sie nun die Klänge ausprobieren, kommt es zu einem lauten Durcheinander. In der zweiten Gruppe gibt Melanie die Anregung, sich weit voneinander entfernt im Raum zu verteilen, worauf jeder sein Instrument entspannt ausprobieren und nun auch die feinen Klänge wahrnehmen kann. Die dritte Gruppe ermuntert sie, zuerst leise und später laute Töne zu entdecken, was sich als noch praktikabler erweist, um Unterschiede in der Lautstärke bewusst zu hören. Dann darf jedes Kind drei Klänge seines Instrumentes, die ihm besonders gut gefallen, vorstellen. Sehr konzentriert und auch ein wenig stolz präsentieren sie ihre Entdeckungen.

Erlebnisstunde 3 Spritzige Wasserexperimente

»Mein Tröpfchen ist schon verdunstet«, ruft eines der Kinder, was wir gar nicht glauben können, denn all die anderen liegen noch dick und rund auf dem Fensterbrett. Vielleicht hat jemand nachgeholfen? Heute wird mit Wasser experimentiert. Mit der Fingerspitze transportiert jeder sein kleines Tröpfchen vorsichtig aus einer Wanne auf die Fensterbank. Wie lange wird es wohl dauern, bis es verdunstet ist? Mit diesem kleinen Versuch wird die Frage eines Jungen aufgegriffen, was denn »verdunsten« sei. Aufmerksam beobachten die Kinder ihre »Plings«, wie sie sie nennen, aber so schnell ist noch nichts zu sehen.

Einem Mädchen fällt ein neues Experiment ein: Welche Klänge können wir mit den Händen in der mit Wasser gefüllten Wanne machen? Nach und nach sucht jeder interessante Geräusche, schnipst, plätschert, spritzt oder wirbelt im Wasser, die anderen hören aufmerksam zu. Diese Versuche könnten stundenlang dauern, so viele Ideen haben die Kinder. Das Spielen mit Wasser bereitet größtes Vergnügen. Nach einiger Zeit leitet die Musikpädagogin zur Geschichte über und wiederholt den ersten Abschnitt. Mittendrin stoppt sie: »Wer weiß, wie es weitergeht?« Einzelne können sehr genau weitererzählen. Es sind dieselben, die sich auch in der letzten Stunde darin hervortaten. Als Pling in der Geschichte sagt, es sei schon überall gewesen, ruft ein Junge spontan: »Auch in Bensberg?« Sogleich fallen ihnen auch anderen Orte ein, an denen Pling auf seiner Reise um die Welt gewesen sein könnte. Saeb, ein Junge aus Togo, weiß, dass Pling auch schon in Afrika war, Arda, dass es in Köln, der größten Stadt in der

Nähe, und Maria, dass es in Holland, ihrem Lieblingsferienland, war. Phinnaeus weiß, dass es auf der Zunge, Alissa, dass es im Meer, Friderike, dass es im Baum, in der Wurzel und im Blatt war. »Auch im Essen und im Pipi«, ruft Arda und alle kugeln sich vor Lachen auf dem Boden. Schnell rennt ein Mädchen zur Fensterbank: »Oh, mein Pling ist schon viel kleiner geworden!«

Dann sucht sich jedes Kind ein Instrument aus und entscheidet, ob und wie es Passagen der Geschichte, die diesmal relativ zügig vorgetragen wird, vertonen möchte. Die Kinder machen ausgesprochen gerne Musik. Jeder spielt an jeder Stelle mit. Dabei klingt es noch wenig oder gar nicht differenziert, die »Schritte im Matsch«, das »Landen auf der Nase«, »im Sturm sein«, »an den Berg gedrückt werden« hören sich sehr gleich an. Insgesamt wirken alle sehr konzentriert, teilweise wie versunken in das Ausprobieren ihres Instrumentes, ohne einen Moment der Aufmerksamkeit für das restliche Geschehen innerhalb der Gruppe frei zu haben. »Wir können die Geschichte noch einmal vortragen und ein paar von euch könnten Schauspieler sein«, schlägt Melanie vor und greift Omeds Idee aus der 1. Stunde auf. Zunächst sind ein paar Mädchen dazu bereit, allerdings kommen sie dann nicht so recht ins Spielen, sondern stehen eher unentschlossen auf der »Bühne«. In einer anderen Gruppe wollen die Kinder einfach nur ihre Instrumente weiter ausprobieren, ohne Geschichte und ohne Schauspieler, dafür mit sehr viel Freude, auch an lauten Trommelgeräuschen. Ein paar Jungen erbitten sich die große Meerestrommel aus dem Fundus und sind hellauf begeistert über die vielen Klangmöglichkeiten, die sie zusammen entdecken. Ein paar Jungen wollen etwas andres spielen – sie wollen Clowns sein. Angesteckt von ihrer Idee werden ein paar Mädchen zu Mäusen und versuchen Katzen-Jungs zu fangen. Aber offensichtlich fehlt Musik, denn nach kurzem Spielen bitten sie uns Erwachsene, Instrumente auszusuchen und sie musikalisch zu begleiten. Schließlich sollen wir alle vorhandenen Instrumente verwenden und »ganz leise« oder »ganz laut« spielen. Mit großem Vergnügen geht die Stunde weit über ihr eigentliches Ende hinaus.

Ein paar Tage später ist die Musikpädagogin zum Mittagessen im Kindergarten. Bei Tisch lenken einige der Vorschulkinder das Gespräch auf Pling. Neugierig wollen sie wissen, was das Tröpfchen denn als Nächstes erleben wird. Schließlich stellen sie lachend fest, dass Pling auch in ihrem Becher ist und wohl sogleich in ihrem Magen landen wird, was selbst die Jüngsten am Tisch zu Mutmaßungen über Plings Reise durch den Körper anregt. Die bisher erzählten Abenteuer des Wassertröpfchens scheinen auch ihnen bekannt zu sein, offensichtlich haben die Großen davon berichtet und das Erlebte in ihre Gruppen hineingetragen.

Erlebnisstunde 4 **Geräusche und Klänge überall**

Die Kinder stürmen zur Tür herein. An diesem sonnigen Frühlingstag sind sie ausgesprochen fröhlich, übermütig und voller Bewegungsdrang. Zwei Mädchen können es kaum abwarten, möchten die anderen überraschen und noch vor dem Anfangskreis zeigen sie ihre Entdeckung. Mit der Zunge schnalzend fordern sie zum Raten auf, welches Lied sie »umgedichtet« haben. Alle versuchen ihr Glück, aber so einfach ist es nicht. Mit ein wenig Hilfe erkennen sie das Lied dann doch. »Wer hat zu Hause Klänge gefunden?« Sofort schnellen Finger in die Höhe, viele Kinder berichten von alltäglichen Geräuschen, die ihnen besonders aufgefallen sind. Tobias: »Wenn man etwas zu trinken in ein Glas reintut, dann macht es platsch.« Er klatscht mit der Hand feste auf den Boden und andere pflichten ihm bei, ja, das hatten sie auch schon einmal gehört. Dann meldet sich Baris, ein Junge, der mit der deutschen Sprache noch ein paar Schwierigkeiten hat, und wiederholt in annähernd gleichen Worten Tobias' Bericht. Alissa hat ein neues Geräusch mit ihren Lippen gefunden. Leon zeigt, was er zu Hause auf dem Tisch trommelt, Omed hat beim Wäschewaschen Geräusche entdeckt, die Ähnlichkeiten haben mit einem Klang, der entsteht, wenn er seine Füße zusammenschlägt. Das wollen alle ausprobieren, zu ihrer Überraschung klingt jedes Fußpaar unterschiedlich. Saeb zeigt, wie ein Klang beim Händewaschen entstand, und schnalzt mit der Zunge. Auch an seinem Körper hat er so einiges entdeckt: »Die Spucke hat so im Hals geschmatzt« und »mein Bauch hat gebrüllt, als ich Hunger hatte.« Seine Ausführungen erinnern Omed an einen weiteren Klang:

»Neulich habe ich Wasser getrunken, da hat es so gegluckert, wie eine Blase im Bauch.« Und was finden die Kinder spannend an der Geschichte? »Da, wo er verdunstet ist«, »dass Pling schon überall war« und »dass sie an den Berg geknallt sind«, worauf ein paar aufspringen, losrennen, gegen die Holzwand des Raums »knallen«, über eine Matte springen und wieder auf den Boden »regnen«. Das wilde Spiel wird durch Alissa gestoppt. »Das ist zu laut, alle mal wieder herkommen und weitermachen«.

Heute möchte die Musikpädagogin noch einmal Abschnitt A der Geschichte hören, sie schlägt vor, dass ein Kind Erzähler sein könnte. Zunächst mag niemand diese Aufgabe übernehmen. Erst nachdem sie selbst beginnt und längere Pausen einflicht, sind es einzelne Kinder, die ein kleines Stück der Geschichte vortragen. Doch dann überrascht uns Alissa. Zunächst versucht sie, die Musikpädagogin davon zu überzeugen, dass ein Lehrer die Geschichte am besten darlegen könne, aber schon in der nächsten kleinen Erzählpause übernimmt sie selbst diese Rolle und gibt die gesamte Geschichte bis zum Ende wieder. Sie braucht nur wenige kleine Hilfestellungen, und am Ende erntet sie großes Lob von ihren Freunden.

»Jetzt erzähle ich euch, wie Plings Reise weitergeht.« Den Worten des neuen Abschnitts aufmerksam lauschend, hätten die Kinder gerne sofort Klänge gesucht. Als Melanie die Geschichte dann ein zweites Mal erzählt, experimentieren sie sehr achtsam und finden vielfach für ihr Empfinden gut passende Laute. Viele hören heute differenzierter, unterscheiden Klänge genauer und sind wählerischer in ihrer Zuordnung als in den Stunden zuvor. Manchmal korrigieren sie sich gegenseitig. So schlägt Niwasi ihrem Nachbarn vor, eine bestimmte Stelle mit einem anderen Instrument zu vertonen. Sie hat sich in den letzten drei Stunden ein Gespür für den Einsatz der unterschiedlichen Instrumente erarbeitet und kann dies auf einen neuen Teil der Geschichte übertragen.

Erlebnisstunde 5 Ein Flaschenxylophon entdecken

»Wir könnten heute ein Instrument bauen.« Die Worte lösen in allen drei Gruppen Jubel aus. Dann fallen die fragenden Blicke der Kinder auf die bereitliegenden zwölf großen und kleinen Glasflaschen, auf Schnüre, Besenstiele, Stühle, die große Wanne voller Wasser, auf Putz- und Handtücher. Bevor es richtig losgehen kann, gibt die Musikpädagogin eine Einweisung zum achtsamen Umgang mit Wasser und Glasflaschen. Verständnisvoll wird sie kommentiert: »Sonst geht das Glas kaputt und da schneidet man sich.« »Wie können wir aus diesen Materialien ein Instrument bauen, in dem Wasser zum Klingen kommt?« Erwartungsvoll stehen alle um die Wanne herum. Schließlich nimmt einer eine Flasche, dreht sie im Wasser hin und her und alle sind ganz still, um das leise Plätschern zu hören. Die blubbernden Geräusche, die Friderike auslöst, indem sie Luft aus einer Flasche entweichen lässt, rufen schallendes Gelächter hervor und regen die anderen zu vielen Experimenten an. Sehr aufmerksam lauschen sie auf die neu entdeckten Klänge, vergleichen sie manchmal mit bekannten Alltagsgeräuschen oder zuvor Gehörtem. Alissa trommelt mit einem Schlägel auf den Wannenrand und es entstehen Wellenformationen mit ganz leisen Klängen. Andere Kinder folgen ihrem Vorschlag, die Wellen überlagern sich und bei genauem Beobachten sehen wir, wie einzelne Tropfen in die Höhe steigen, sich lösen und wegspritzen. Omed füllt Wasser in eine Flasche und schlägt sie mit einem Metalllöffel an, Arda wiederholt das Experiment mit zwei Flaschen und entdeckt, wie unterschiedlich diese klingen können.

Nadia möchte viele Flaschen mit Wasser füllen und Melanie verrät, dass sie noch besser klingen, wenn sie an Schnüren hängen. Das Halten der vielen Fäden ist mühsam, so werden sie an dem bereitliegenden Besenstiel festgebunden und es entsteht das erste »Flaschenxylophon«. Jeweils vier Kinder bauen dann ein Instrument. Obwohl das Füllen der Flaschen mit Hilfe eines Kruges eine große Herausforderung an Geschicklichkeit und Achtsamkeit ist, reißen sich alle um diese Aufgabe. Oft wird sie mit Bravour gelöst. Einem Mädchen will es nicht gelingen und es landet viel Wasser auf dem Boden, die anderen lachen, worauf sie weint. Auch Baris läuft vieles daneben, allerdings lacht er darüber und findet es lustig, wie das ganze Wasser über die Hand seines Freundes, der ihm die zu füllende Flasche hält, fließt. Das Mädchen beobachtet die beiden, hört auf zu weinen und startet einen neuen Versuch. Diesmal gelingt es ihr ausgezeichnet und sie ist ganz stolz auf ihre Leistung.

Wie klingt denn nun das Instrument? In jeder Gruppe gehen die Kinder auf andere Weise ans Werk. Einige probieren Klänge aus, nachdem sie alle Flaschen gefüllt haben, andere testen bereits den Klang der leeren Flaschen, füllen eine, vergleichen mit der vorigen und versuchen so, von Anfang an unterschiedliche Töne zu erzeugen. Wieder andere beginnen mit Überlegungen, da sie schon bei den Experimenten zuvor bemerkt hatten, wie der Wasserstand den Klang bestimmt. Ihnen steht die Musikpädagogin mit einem Metallophon helfend zur Seite. Die Kinder bemerken, dass hohe und tiefe Töne von un-

terschiedlich langen Metallplatten abhängig sind, und finden den Zusammenhang zum Wasserstand. Letztendlich entdecken alle Gruppen selbst, in welcher Weise der Wasserstand in den Flaschen die Tonhöhe bestimmt, und organisieren eine mehr oder weniger deutliche Reihenfolge der Töne. Natürlich will jeder das neue Instrument spielen und vor allem die Jungen haben große Lust, es lautstark auszuprobieren.

Wie aber klingen unterschiedliche Schlägel aus Holz, Filz, Gummi und Plastik? Vorsichtig fühlend tasten die Finger über die Schlägel. Teilweise sind die Materialien den Kindern fremd, aber immer findet sich eines, das den Namen nennen oder beschreiben kann, wo dieses Material anderweitig zu finden ist. Die Kinder lernen voneinander, ohne dass ein Erwachsener etwas dazu sagt. Zur Verwunderung aller ist beim Anschlagen der Flaschen mit Filzschlägeln fast nichts zu hören, es sei denn, sie gehen mit ihren Ohren ganz nahe an das Xylophon. Die hölzernen Schlägel finden schließlich den größten Anklang. Groß ist das Erstaunen, als Ilka plötzlich ein richtiges Lied spielt: »Alle meine Entchen ...«, singt ihre Freundin dazu. Melanies Vorschlag, jeder könne ein Lied spielen, stößt auf Unverständnis. »Ich kann doch keins«, ist auch als Antwort zu hören. Nachdem ein mutiges Mädchen ein Phantasielied erklingen lässt, ist der Bann gebrochen. Nunmehr erfinden fast alle eigene Melodien und es entstehen viele kleine neue Lieder. Um die Spielenden stehen gespannt lauschende Zuhörer, mit großem Interesse an den Neuschöpfungen und in einträchtigem Miteinander bejubeln sie die oft recht überraschend oder sehr lustig endenden Stücke.

Erlebnisstunde 6

Pling landet im Bauch eines Käfers

Heute kommen die Kinder in sehr unterschiedlichen Befindlichkeiten, einige möchten sich nur hinlegen und ausruhen, andere nur rennen und toben. Nach dem Begrüßungslied berichtet Niwasi von der vergangenen Woche, als sie beim Blumengießen Blasen auf dem Wasser in ihrer Kanne bemerkte, mit ihrem Ohr ganz nahe heranging und ganz zarte Geräusche beim Zerplatzen der Blasen hörte. Auch Tobias machte beim Händewaschen Entdeckungen und Friderike erzählt mitreißend, wie sie im Garten eine Wasserschüssel aufgestellt und darin mit den Füßen verschiedene Klänge ausprobiert habe. Viele Kinder erinnern sich auch begeistert an die letzte Stunde.

Die Musikpädagogin erzählt noch einmal Abschnitt B von Plings Abenteuern, heute aber mit anderem Ausdruck und mehr Betonung als in den Stunden zuvor. Während sie bislang als Erzählerin bei den Kindern saß, nutzt sie heute den ganzen Raum, verwendet ihren Körper als Instrument, spielt mit der Sprache, säuselt in leisen oder donnert in lauten Worten und zeichnet so ein farbiges Bild von Plings Reisen. Die Kinder sind förmlich gebannt, teils mit offenem Mund verfolgen sie jede Bewegung. Einige hält es nicht auf den Plätzen. Sie springen auf und ahmen Melanies Bewegungen nach, sie wollen dabei sein, ihr ganzer Körper fiebert mit. Am Schluss rufen sie: »Nochmal, nochmal erzählen!«, und wollen mit großer Lust dem Beispiel folgen: »Oh, das will ich jetzt auch mal erzählen.«

»Heute könnt ihr Erzähler, Schauspieler oder Musiker sein und Klänge mit Musikinstrumenten, auch mit dem Flaschenxylophon oder dem Körper finden. Und es könnte auch einmal ein Dirigent mitspielen«, schlägt die Musikpädagogin vor. Kaum eines der Kinder weiß, was ein Dirigent ist. Deshalb sprechen sie zuerst über die Aufgaben und das Miteinander zwischen ihm und den Musikern. Schließlich sind sie fasziniert von der Möglichkeit bestimmen zu können, welche Instrumente eingesetzt werden und in welcher Lautstärke gespielt werden soll. Daraufhin möchte fast jeder einmal Dirigent sein und ihre größte Entdeckung ist, dass sie auch alle Spieler zur Stille bringen können, damit nur einem für kurze Zeit die gesamte Aufmerksamkeit zukommt. Das gefällt vielen. Im weiteren Verlauf der Stunde erweist es sich aber

für Schauspieler und Musiker als schwierig, den Dirigenten im Blick zu behalten, meist sind sie zu sehr mit ihrem eigenen Spiel beschäftigt und dem Dirigenten wird langweilig. Die Musiker wechseln heute auffallend oft die Instrumente, sie hören interessante Klänge vom Nachbarn und möchten tauschen, was recht unkompliziert funktioniert.

Beim Darstellen der Szenen sprudeln die Ideen nur so hervor, besonders der Teil mit dem durstigen Käfer hat es den Kindern angetan. Omed erfindet zu dieser Passage einen anderen Ausgang: Der Käfer trinkt das Wasser der Quelle und Pling hat Pech und landet in seinem Bauch. Und weil der Käfer viel Gras gefressen hat, ist es dort ganz grün und matschig. Das gefällt Pling gar nicht, er hat keine Lust, dort zu bleiben, sondern beeilt sich, auf natürlichem Wege wieder hinauszugelangen. Diese Szene bereitet auch den anderen so ungeheuer viel Freude, dass sie gleich mehrfach hintereinander gespielt wird und jeder einmal Käfer sein will. Besonders einfallsreich im Schauspiel ist Alissa. Andere imitieren ihre Ideen, worauf sie eine Führungsrolle übernimmt, Aufgaben und Requisiten verteilt und die Aufführung am Ende sogar mit Musikern koordiniert.

Heute ist eindrucksvoll zu sehen, wie die anfänglich stillen, eher müden und die laustarken, eher aufgedrehten Kinder mit der Zeit in ein harmonisches, fröhliches Miteinander finden, gemeinsam Ideen entwickeln, sich gegenseitig anregen und schließlich vieles ausprobieren. Zum Schluss der Stunde haben sie noch Lust zum Zeichnen. An einigen Bildern wird besonders deutlich, wie sehr ihnen nach der 6. Stunde der Wasserkreislauf vertraut ist.

Erlebnisstunde 7 **Experimentieren ohne Ende**

Die Kinder stürmen in den Raum und wollen sogleich ihre Beobachtungen bekannt geben. Saeb hat ein Brummen am Wasserhahn entdeckt. Leon ist mit feuchten Schuhen im Sand gerutscht und kann den Klang mit seiner Zunge nachmachen. Friderike erzählt von einer Badewanne mit Löchern und Schaumblasen, die blubbern und knistern; in der Sauna knacksen die Steine. Tobias und Luca beschreiben, wie das Wasser beim Füllen der Badewanne »platscht«. Zunehmend berichten die Kinder auch von Wahrnehmungen, die nicht nur mit Wasser zu tun haben. Sie achten auf Klänge im Allgemeinen. Omed umschreibt verschiedene Geräusche von Maschinen, Alissa Teller, die beim Aufeinanderstapeln knirschen und eine knisternde Kerze, Baris schildert seine Empfindungen beim Hören der lauten Geräusche des Fernsehapparates, Chiara bemerkt, dass sie alles »laut hinlegen kann, zum Beispiel ein Buch«, woraufhin Tobias mit seinen Händen den Klang eines Buches nachahmt, das mit Schwung zugeklappt wird. Maria zeigt, welche Geräusche verschiedene »Schuhe machen, wenn sie den Boden treten«.

»Wie viele verschiedene Klänge kann ich wohl mit dem Schellenkranz spielen?« Diese Frage löst großes Rätselraten aus, Schätzungen liegen zwischen einer und fünfzehn Möglichkeiten. Dann sammeln die Kinder gemeinsam Ideen und probiert alles aus: kratzen, klopfen, den Schellenkranz auf dem Boden rollen. Laut zählen sie die Varianten und entdecken begeistert über dreißig. In den letzten Stunden wurde deutlich, dass die Kinder gerne noch mehr Zeit zum Experimentieren gehabt hätten. Heute soll es so sein. Jeder erhält die Aufgabe, fünf möglichst verschiedene Klänge oder Klangfolgen zu suchen. Die meisten wählen zielstrebig ein Instrument und spielen los. Schon sehr bald wird es solch ein akustisches Durcheinander, dass es schwerfällt, den eigenen Klang zu hören. »Was können wir denn jetzt machen?«, fragt die Musikpädagogin in die Runde. »Vielleicht sollen wir leise spielen«, schlägt Laura vor. Allerdings wollen einige auch Lautes ausprobieren und machen das Angebot, auf Handzeichen hin einmal so laut zu spielen, wie es nur geht. Es wird sehr laut. »Da kommt ja gleich die Polizei«, mutmaßt Arda. Die Mädchen geben ihm Recht und halten sich demonstrativ die Ohren zu, während es für einige Jungen noch viel lauter sein könnte. In der Abschlussrunde wollen alle Kinder die gefundenen Klänge auf ihren Lieblingsinstrumenten vorführen; für einige ist die Zeit zum Experimentieren auch heute viel zu kurz.

Erlebnisstunde 8 **Klänge in Bilder umsetzen**

Zu Beginn der Stunde versucht sich jeder an seine, in der vergangenen Stunde gefundenen Klänge zu erinnern. »Wie können wir diese Klänge aufschreiben oder aufzeichnen, wollen wir es mal gemeinsam versuchen?« Papier und Stifte liegen

bereit. Ein Kind führt seinen Klang vor, während alle überlegen, wie dieser gezeichnet werden könnte. Die Musikpädagogin ermuntert, genau hinzuhören. Sind es hohe oder tiefe Töne? Ist es ein Ton oder eine Tonfolge? Welches Instrument wird gespielt? Danach probiert es jeder für sich. Antonia zeichnet zuerst ihre verwendeten Gegenstände: Glockenspiel (oben links), darunter eine Rassel, unten links zwei Zimbeln, in der Mitte das Chimes. Durch Wirbel, Kreuze, senkrechte, waagerechte Linien und Punkte findet sie ein System, mit dem sie wiederholt bestimmte Klangfolgen auf den bezeichneten Instrumenten nachspielen kann.

Friderike zeichnet sich selbst als Musikerin, im Spiel mit den Klangkugeln, die sie mit »Murmel« bezeichnet. Jeder Wechsel in ihrer Handlung erhält ein neues Kästchen. Was zu tun ist, erklärt sie am Ende der Stunde: 1. Zuerst die Klangkugeln in der Hand drehen, dies soll fünfmal hintereinander geschehen (3 + 2 = 5), 2. Die Kugeln mit einem Schlägel anschlagen, 3. Die Dreiklangstäbe spielen, wobei hier die Reihenfolge der Töne durch Kreuzchen und Punkte gekennzeichnet ist. Dann kommt 4. ein Klang, den sie von Aryan übernimmt, der neben ihr spielt. Er benutzt ebenfalls die Dreiklangstäbe. Hier soll der Schlägel in Auf- und Abwärtsbewegungen hin- und herbewegt werden. Danach soll 5. das Instrument in die Hand genommen und quer darübergestrichen werden.

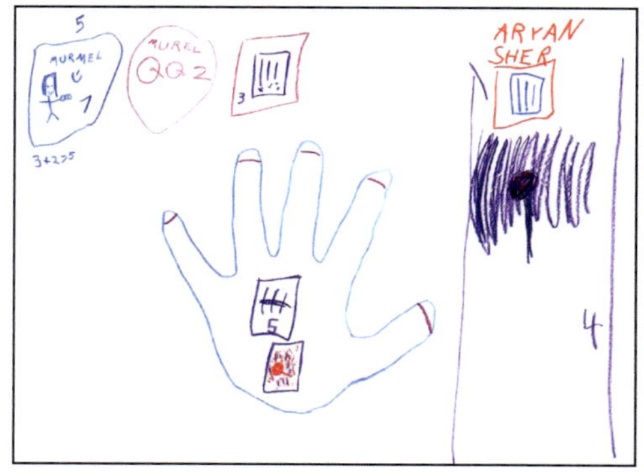

Niwasi zeichnet eine Reihenfolge der verwendeten Instrumente: Zimbel, Klangkugel, Dreiklangstäbe, Zimbel, Güiro, Schellenkranz, Kokiriko – einige in Verbindung mit einem Schlägel. In der darunterliegenden Zeile zeichnet sie, wie das Instrument zu bewegen oder wie es anzuschlagen ist. Niwasi ist sehr konzentriert und begeistert bei ihrem Schaffen.

Saeb gestaltet laut und leise durch unterschiedlich große Zeichen und stellt sich selbst in die Mitte dieser Klangwelt. Im Spiel wirkt er oft ganz versunken und schenkt sowohl den leisesten wie auch den lautesten Tönen besondere Aufmerksamkeit. Diese Spannbreite erkundet er an möglichst vielen Instrumenten. Dabei ist er sehr eifrig und viel konzentrierter, als er sich normalerweise zeigt.

Auf Tobias' Blatt ist das Kokiriko deutlich erkennbar, darunter befindet sich die Spielanweisung, nach der er seinen Freunden genaue Tonfolgen vorspielen kann. Allerdings sucht er bislang noch nach einer Möglichkeit, wie er Wiederholungen notieren könne. Ganz rechts auf seinem Blatt befinden sich die Zimbeln, mit denen er über einige Wochen hinweg

immer wieder neue Klangversuche gemacht hat. An Einfallsreichtum mangelt es ihm hierbei nicht. Er findet vielfältige Möglichkeiten, die kleinen Klangbecken über den Holzboden zu schleifen, sie hüpfen oder drehen oder wie Kreisel rotieren zu lassen. Voller Freude teilt er immer wieder seine neuen Entdeckungen mit.

Die Stunde ist atmosphärisch kaum zu beschreiben, so »zauberhaft« mutet sie an. Knisternde Aufmerksamkeit, konzentriertes Proben und Suchen nach Möglichkeiten der Notation, geschäftiges Tun und als abschließend jeder seine Entdeckungen vorstellen darf, wahrhaftige Begeisterung über das eigenständig Gefundene. Keinerlei Langeweile, sondern Begeisterung, Intensität und Schaffensfreude, die oft am ganzen Körper sichtbar ist. Anhand ihrer Aufzeichnungen gelingt es den meisten Kindern, das Notierte mehrfach recht exakt zu wiederholen.

Erlebnisstunde 9 **Sind Plings Abenteuer wirklich real?**

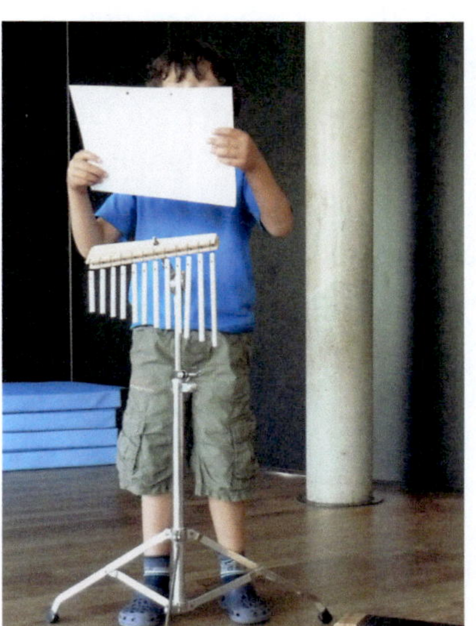

Aufgrund des Brückentages kommen heute insgesamt nur zwölf Kinder. Die in der vergangenen Woche angefertigten Zeichnungen werden ausgeteilt, die Kinder möchten nach dem Notierten spielen. Einer nach dem anderen trägt anhand seiner Aufzeichnungen vor. Erstaunlicherweise gelingt es vielen auf Anhieb, nur zwei sind zögerlich und eines erinnert sich nicht mehr. Die meisten studieren zunächst einmal sehr genau ihre Zeichnungen, suchen das oder die Instrumente und nach abermaligem genauem Lesen spielen sie nach dem Notierten. Die Zuhörenden sind ausgesprochen leise und verfolgen genau, was auf den Blättern geschrieben steht und was gespielt wird. In vielen Fällen entspricht die Aufführung exakt den Vorgaben. Stolz und Freude über das Gelingen strahlen aus den Augen der jungen Musiker.

Arda hat auf seinem Blatt eine ganze Liste an Instrumenten, die er in der letzten Stunde durchnummerierte und nach der er nun aufbaut. Man merkt, dass er ohne diese Aufzeichnung nicht mehr im Gedächtnis hätte, welche Instrumente er damals benutzt hat. Auf der Rückseite seines Blattes hat er die Spielanweisung notiert, die uns nicht viel sagt, für ihn aber sehr aussagekräftig ist.

Das Aufzeichnen der Klänge hat einige Kinder so sehr fasziniert, dass sie während der kurzen Darbietungen nach Papier und Stiften verlangen, um nebenbei die Musik ihrer Freunde aufzuschreiben oder zur Geschichte zu malen. Dann erzählt die Musikpädagogin den nächsten Abschnitt von Plings Abenteuern. Besonders bezaubert die Entstehung der Schneeflocken und lange betrachten die Jungen und Mädchen Illustrationen dieser wunderschönen Gebilde. »Wisst ihr, was ein Gletscher ist?« »Nein, nö!«, nur ganz wenigen sagt dieses Wort etwas. Die Musikpädagogin erläutert und zeigt ein Bild – großes Staunen: »Oh, wow.«

»Was, dreitausend Jahre, ich fasse es nicht«, sagt Niwasi und schlägt sich an die Stirn. »Du hast Pling wirklich erlebt und ich dachte, das wäre nur gespielt«, wundert sich Alissa, während Niwasi mutmaßt: »Ah, das sind nur Fotos. Du hast die Geschichte geguckt.« »Nein, ich habe keine Geschichte geguckt. Wir alle begegnen Pling jeden Tag«, antwortet Melanie. »Ja, einmal habe ich auch Pling getroffen. Weißt du, was er gesagt hat?«, fragt Alissa, »er hat gesagt, er geht wieder auf Weltreise.« Sie strahlt über das ganze Gesicht. »Wir haben Pling auch schon getroffen«, fällt mehreren Kindern ein und ab diesem Zeitpunkt mehren sich ihre Berichte über Wasser.

Auf die Frage, wie die Kinder die Geschichte umsetzen wollen, antworten fast alle, sie möchten Musiker sein. »Dann spielen wir nun, wie Pling sich vor seiner nächsten Reise fühlt. Was meint ihr, wie geht es ihm?« »Aufgeregt«, antwortet Leon und schon suchen die jungen Musiker einen passenden Klang. Alissa am Glockenspiel findet »hüpfende« Töne, Mehwisch bewegt die Meerestrommel rasch hin und her und auch Antonia entdeckt am Chimes zur Stimmung passende Klänge. »Wie fühlt sich Pling oben in den Wolken, wenn es ganz kalt wird?«, fragt die Musikpädagogin. »Krank«, erklärt Mehwisch und da niemandem eine weitere Möglichkeit einfällt, schlägt sie vor, dies gemeinsam szenisch darzustellen. Als Sandkorn, um das sich Pling und seine Freunde in der Kälte zu einer sechsarmigen Schneeflocke versammeln wollen, wählen die Mädchen eine Säule an der Seite des Raums. Dann drehen sie sich schnell um diese, da sie meinen, eine Schneeflocke wirbele herum, und stellen fest, dass ihnen dadurch sehr warm wird, ja, sie sogar schwitzen. Und so scheitert das Experiment, denn niemand kann fühlen, wie es Pling im Kühlen ergeht. »Wie können wir eine sechsarmige Schneeflocke darstellen?« »Wir sind müde, wann ist die Stunde aus?« »Wir wollen doch die Instrumente spielen.« Einige Kinder legen sich auf die Matte, andere beginnen zu toben. »Wer möchte Eis? Eis zu verkaufen!« Niwasi ist nun Eisverkäuferin. »Hilfe, ich ersticke, ich bin im Eis erfroren. Ich bin ein Eismann!«, ruft Arda lautstark. Langsam versteht Melanie: »Ja, ihr wollt Musik machen.« »Eis zu verkaufen, dreitausend Jahre alt!«, unterbricht Niwasi ihre Gedanken. Ein paar Kinder stürmen an die Instrumente und es wird ziemlich laut.

Andere kommen einfach nicht mehr ins Spiel. »Wir schwitzen, wir sind müde, es ist laut und das tut im Kopf weh, wir wollen raus«, fasst die Eisverkäuferin das Geschehen zusammen. Schließlich beendet die Musikpädagogin die Stunde ein paar Minuten vor der Zeit und die Kinder gehen in ihre Gruppen. Zurück bleiben Arda und Tobias: »Wir wollen gerne Orchester spielen!« Noch einmal wird die Geschichte von den neuen Abenteuern erzählt und die beiden musizieren mit vielen Instrumenten, wobei sie sehr feinfühlig Stimmungen unterscheiden. Nach einiger Zeit erinnert sich Arda an die Dirigentenrolle und verteilt die Positionen neu. Melanie, Tobias und Petra sollen Musiker sein. Er selbst möchte dirigieren, weist Instrumente zu, legt bestimmte Handzeichen fest, mit denen er unseren Einsatz bestimmt und denkt sich eine lange Geschichte aus. Diese wunderbaren und unerwarteten Abenteuer von Pling dauern über zehn Minuten, während denen er dirigiert, uns ermutigt, viel zu spielen, und in der zweiten Hälfte übernimmt er dann selbst noch ein paar Instrumente des Orchesters. Seine phantasievolle Geschichte handelt von Kindern, die am gefrorenen Fluss Ball spielen, Schlittschuhen fahren und auf deren Nasen drei Regentropfen landen – zwei Brüder und eine Schwester von Pling. Und weil die Schwester in den Fluss zurück möchte, holt sie die Sonne herbei, die alles erwärmt, das Eis schmilzt und so kann sie wieder schwimmen. Danach will sie zu ihren Freundinnen in den Himmel, sie verdunstet und schwebt durch das Weltall, es kommen Babys und Großväter hinzu, die noch so einiges erleben, bis Arda das Ende der Aufführung mit einem Lied über die nette kleine Schwester einleitet und mit einem zweiten Lied »Aram sam sam« abschließt. Mit der Begleitung seines Orchesters war er ganz zufrieden und schließlich verlassen alle die Stunde mit geröteten Wangen, singend und sichtlich erfüllt. In seiner Gruppe angekommen, so erfahren wir später von einer Erzieherin, muss Arda noch lange von der »so so so schönen Musikstunde« geschwärmt haben.

Erlebnisstunde 10

Auf ans »Rednerpult«!

Zu Beginn der Stunde stehen verschiedene Stationen bereit: zwei mit Instrumenten, ein Maltisch, die Verkleidungsecke und ein Rednerpult. Die Musikpädagogin möchte Plings Abenteuer als kleines Schauspiel vortragen. In zwei Gruppen hören die Kinder gespannt zu, fiebern mit, lachen viel und sind offensichtlich beeindruckt von dem ausdrucksstarken Vortrag, was sie anregt, ebenfalls Schauspieler zu sein. Für Maria ist es heute, wie auch in vielen der vergangenen Stunden, das größte Vergnügen, sich als Schauspielerin zu betätigen. Mit ihrer Freude an den unterschiedlichen Rollen begeistert sie auch ihre Freundinnen, die sich dann gemeinsam zu einem einfallsreichen Spiel zusammenfinden.

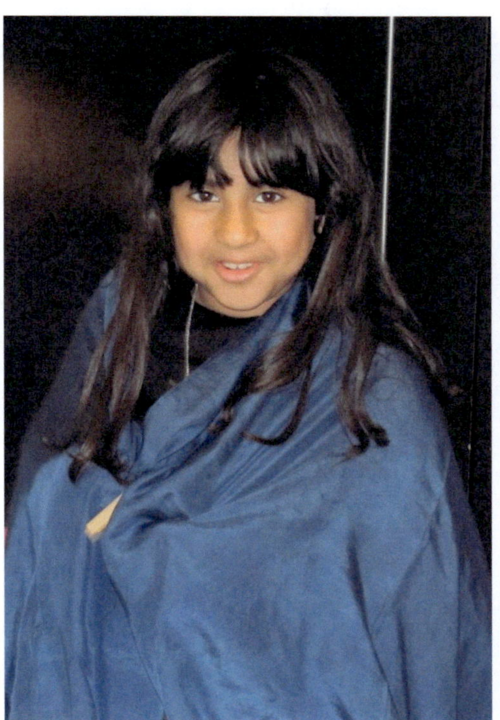

In der dritten Gruppe allerdings wird Melanie, als sie vortragen möchte, jäh unterbrochen. »Nein, ihr seid die Zuschauer und wir spielen!«, ruft Alissa, und als die Musikpädagogin einen weiteren Versuch startet, wird sie vehement unterbrochen. Alissa hat ihren Plan, dem viele der Kinder zustimmen. Alle wollen Musiker sein, sie wollen handeln, nicht sitzen und zuhören. Lautstark verlangen sie, Geige zu spielen, das ist für einige heute das Allerwichtigste, denn in der letzten Stunde seien sie beim Geigenspielen nicht an die Reihe gekommen. Schließlich wählt jeder ein oder zwei Instrumente und im Raum verteilt gehen sie auf Entdeckungsreise: »Jetzt wird Pling immer schneller« und »Das sind die Vögel« oder »Hier kommt ein Donner«. Die Musiker wissen genau, was sie tun und entdecken dabei die Eigenarten der Instrumente. Dann möchte Niwasi allen etwas auf der Geige darbieten. Sie geht zum Rednerpult, spielt einige Klänge und fordert zum Tanzen auf. »Darf ich dazu ein Abenteuer von Pling erzählen?«, fragt die Musikpädagogin. Sie darf, und das Zusammenspiel bereitet der Geigerin und den Tänzern so viel

Freude, dass sie immer weitermachen wollen. Alissa gesellt sich zu Niwasi, sie wechseln die Instrumente und es soll noch einmal erzählt werden. Nach kurzer Zeit wird das Tan-

zen immer wichtiger, immer mehr Kinder finden sich zusammen und entwickeln neue Tänze, bis die Abenteuer schließlich nur noch tänzerisch umgesetzt werden. Der Geschichte, ihren Stimmungen und Ideen geben sie mit fantasievollen Bewegungen Ausdruck. Wunderschön sieht es aus, wenn sie mit farbigen Tüchern geschmückt durch den Raum schweben, tröpfeln, sausen oder im Gewitter hinabprasseln und am Ende wird sogar das Pult geschmückt.

Danach entdecken auch andere Kinder das Stehpult, welches heute zum ersten Mal aufgebaut ist, für sich. Omed fertigt

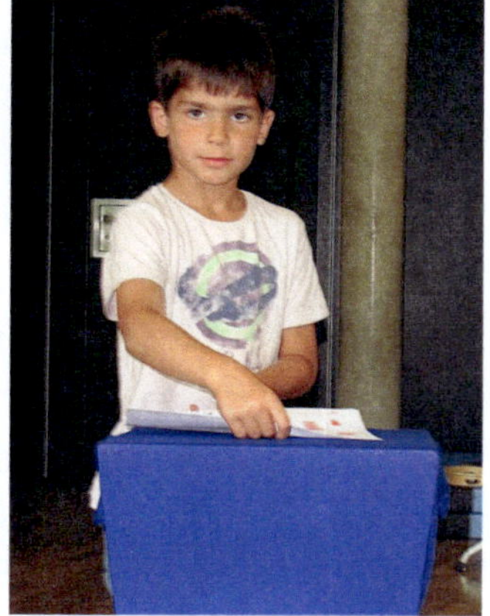

eine Zeichnung an und möchte anhand dieser seine erfundene Geschichte erzählen. Auch Shajan, der sich bislang eher zurückgehalten hat, berichtet mittels seiner Skizze ausführlich über Plings Abenteuer. Solange haben wir ihn noch nie reden gehört und eigentlich möchte er auch gar nicht enden, so viel Freude bereitet ihm das Vortragen.

»Wir wollen Musik für alle machen!«, rufen Tobias, bewaffnet mit einem klingenden Plastikschlauch, und Arda, indem er auf dem Pult trommelt, bald singend über Plings wundersame Reisen und es dauert gar nicht lange, bis sie ihre Freunde mit einbeziehen und das Ganze zu einer gemeinsamen Aktion wechselt.

Erlebnisstunde 11 **Zunehmend selbständiger und erfindungsreicher**

Schon vor Stundenbeginn erzählt Friderike ganz aufgeregt von ihrer Vermutung: Blumen würden wahrscheinlich Plings aus der Erde trinken, diese müssten dann durch die ganze Blume laufen, bis sie aus der Blüte wieder herauskämen, verdunsten und zum Himmel fliegen würden. Mit großen Augen wartet sie auf Zustimmung der Erwachsenen und hüpft dann frohgelaunt zu ihrer Freundin. Die Musikpädagogin hat eine Zeichnung angefertigt, in der sie das letzte Abenteuer von Plings Reise skizzenhaft notiert hat. Im Anfangskreis möchte sie diese, als Vorlage zum Theaterspielen oder Erzählen, zeigen. Die Kinder werfen nur einen schnellen Blick darauf, sind aber voller Ideen, sprudeln förmlich über, wollen die Geschichte aufführen und nicht warten, bis sie mit ihren »langweiligen« Ausführungen zum Ende kommt. Als sie dann auch noch die bevorstehende Abschlussaufführung organisieren will, machen die Kinder ihrem Unmut Luft. Zum Glück ist sie schnell fertig, setzt sich auf die Zuschauerbank und wartet gespannt ab, was die Kinder vorhaben. Sie sind voller Tatendrang: »Endlich kann es losgehen«, jubelt Laura, rennt zur großen Meerestrommel und spielt auf. Omed hat sich eine Inszenierung überlegt. Er übernimmt die Führung von drei »Plings«, wählt Tücher zur Verkleidung und gibt den Regentropfen ganz leise Anweisungen zu ihrer Reise. Drei Mädchen wollen mitspielen, schmücken sich zu Sonne, Wolken und Wind. Schließlich bieten sie ihr Stück gemeinsam zweimal dar, wobei die Jungen führend sind und den

Mädchen nur gelegentlich einen Platz in diesem Spiel einräumen. Dann möchte Omed das Gespielte auf Papier festhalten und orientiert sich ganz nebenbei an der Vorlage der Musikpädagogin. Seine Anweisungen dienen den Jungen, die als Regentropfentrio zusammenbleiben, für drei weitere Spiele. Omed spricht den Text, steigert sich von Mal zu Mal, seine Wortwahl wird präziser, seine Schilderung farbenreicher. Die beiden Jungen folgen ihm meist stumm, die Mädchen wollen lieber malen. Danach entscheidet das Trio, dass das Stück von Instrumenten begleitet werden soll, und so animiert Omed seine Freunde, passende Klänge zu finden. Das interessiert auch die Mädchen, sie werden also Musikanten. Bis zum Ende der Stunde arbeiten sie gemeinsam konzentriert an der Vertonung ihrer Geschichte.

Auch bei den Kindern der anderen Gruppen ist der drängende Wunsch, etwas eigenständig tun zu können, unübersehbar. Niwasi ist nicht zu bremsen, sie will unbedingt wieder Geige spielen und fragt schon zu Beginn, ob sie das Begrüßungslied begleiten darf. Und auch andere wollen am liebsten sogleich an die Instrumente stürmen. Mit Mühe hält die Musikpädagogin die Kinder zurück, zuerst das Begrüßungslied und dann ihre Ideen zur Abschlussaufführung. Viele Anregungen erhält sie nicht, auch in dieser Gruppe ist der Wunsch, endlich Musik machen zu können, zu stark und als Alissa fragt: »Wann fängt die Stunde endlich an?«, sind die jungen Musiker nicht mehr zu halten. Jeder sucht sich ein Instrument aus. Luca G. streicht mit dem Bogen über die Saiten der Geige. Das »klingt wie Wasserspritzer, die gegen einen Stein stoßen«. Nachdem er es etwas verändert hat, wie »Frühlingsregen«, und auf der Unterseite der Saiten entdeckt er schleifende Geräusche, seine »hohen Wellen«. Als er anschließend versucht, viele bunte Tücher auf seinem Kopf als »Regenbogen« zu drapieren, diese aber immer wieder hinabgleiten, beweist er schier unendliche Ausdauer.

Ein Mädchen entdeckt etwas Ungewöhnliches. Sie legt beim Spielen verschiedene Tücher auf das Glockenspiel, wodurch sich die Töne sehr verändern. »Das ist ein ganz anderes Instrument geworden«, kommentiert sie lachend. Tobias zeigt wieder großen Einfallsreichtum beim Ausprobieren der Zimbeln auf dem Holzboden. Arda spielt Geige und singt ein phantasievolles Lied dazu. Vielleicht hätte er gerne mehr Aufmerksamkeit, denn anschließend trommelt er so laut, dass er überhaupt nicht mehr zu überhören ist. Dann benutzt Tobias einen Schlägel als Mikrophon und ruft zur Aufführung in zwölf Minuten. Schnell zählt er zurück: 8, 7, 6, 4 und schon soll es losgehen. Da niemand so richtig vorbereitet ist, aber alle gerne mitmachen möchten, entsteht ein ziemliches Chaos, bis Melanie eine Reihenfolge der Musiker vorschlägt. Die Geigen sind sehr begehrt und es gibt noch ein wenig Gerangel darum. Schließlich spielt Alissa darauf ein sehr langes und bewegtes Stück, danach zeigen zwei Mädchen, was sie entdeckt haben: Die hohe Saite ordnen sie der Sonne zu, die tiefe dem Gewitter, mit den Fingern hüpfend über alle Saiten stellen sie Vögel dar und mit dem Bogen auf den Saiten springend Regentropfen. Werden die Töne gezupft, sind es Plings, die vom Baum tropfen. Mit diesen Elementen vertonen sie eine von ihnen erdachte Geschichte. Ganz still lauschen ihre Zuhörer und schließlich werden sie mit großem Applaus belohnt. Eine dieser Geigerinnen, die in den vergangenen Stunden eher etwas gelangweilt wirkte, bedankt sich beim Verabschieden freudig für die »tolle Musikstunde«.

Erlebnisstunde 12 Pling entdeckt das Meer

Zur Erinnerung an die gesamten Abenteuer des Wassertröpfchens möchte die Musikpädagogin einmal alle Teile der Geschichte vorführen. Wieder wollen die Kinder eigentlich viel lieber selbst spielen und sind richtig froh, als sie im dritten Abschnitt aufgefordert werden mitzumachen. Alissas Kommentar: »Na endlich. Wie lange hat das denn gedauert!« Am Ende angekommen, spielen sie einfach weiter und entwickeln eine neue Geschichte. Alissa verwandelt sich in eine Meerjungfrau, zwei Mädchen in Delphine und Pling erlebt nun Abenteuer im Meer. Auch die Erwachsenen sollen mitspielen und »irgendetwas unter Wasser« sein. Pling bemerkt über seinem Kopf einen Schiffsboden und bittet die Delphine, ihn ins Boot zu schleudern. Die Meerjungfrau stellt den Bootsmotor an und Pling saust über das Meer bis zu einem Leuchtturm, der mit einem Magneten angeschaltet werden muss. Er soll Licht spenden, sie wollen besser sehen. Nachdem dies gelungen ist, wirbelt Pling durch das Meer und nun leuchten auch die Fische, denen er begegnet. Dann, nach einer langen Reise, bleibt er alleine im Dunkeln zurück. Einige der Kinder wollen weiterspielen, während die anderen seltsame »Instrumente« unter einem Tuch entdecken: Knisterfolie; Samentütchen; Schüsseln mit Perleninhalt; Dosen überzogen mit Gummibändern; Schuhkarton gefüllt mit Papierbällchen; Puppenkochtöpfe voller klingender Kleinigkeiten usw. Neugierig werden die ungewöhnlichen Dinge erkundet; einiges davon eignet sich zur Begleitung des weiteren Theaterspiels. Pling und die Delphine erleben noch Sturm, Gewitter und Wasserfälle. Am Ende der Stunde schlägt Nadia vor, dies den Eltern aufzuführen. Sogleich verteilen die Kinder die Rollen und die Organisation der Aufführung nimmt so von ganz alleine ihren Lauf.

Auch in der anderen Gruppe entwickeln die Kinder für das seltsame Instrumentarium höchstes Interesse. Allerdings ein wenig anders, als gedacht. Beispielsweise wird das »klingende Säckchen«, das mit Walnüssen gefüllt ist, untersucht, geleert und die Nüsse werden geknackt. Auch Samen- und Linsenpackung erwecken Neugier, werden zweckentfremdet, ausgepackt, angeschaut und verstreut. Nach eingehender Untersuchung der Dinge wollen die Kinder gemeinsam ein Lied spielen, stellen alles sorgfältig bereit und musizieren schließlich mit diesem lustigen »Küchenorchester«.

Während die Stunde langsam zu Ende geht, findet Jolin eine ganz andere Aufgabe. Durch die geöffnete Linsenpackung verführt, füllt sie Samen in einen Puppenkochtopf. Arda meint, es fehle Wasser, und holt schnell welches, worauf sie ihre Linsensuppe mit großer Hingabe so lange rührt, bis die Samen ihre grüne Schale verlieren und ihr wunderschönes gelbes Inneres freigeben. Jolin ist überglücklich: »Meine Mama sagt immer, ich bin noch zu klein zum Kochen, aber ich kann das!« Noch lange nach Stundenende rührt sie mit strahlenden Augen gedankenversunken in ihrem Töpfchen.

Erlebnisstunde 13 **Planen für den großen Auftritt**

Heute sind alle Kinder der 3 Gruppen zusammen, denn nun sollen die Aufgaben und Rollen für die in zwei Wochen stattfindende Aufführung endgültig festgelegt werden. Glücklicherweise heißt der Abschluss dieses Projektes »Erlebnisaufführung«, eine Andeutung auf den experimentellen Charakter, denn für Melanie wird es jetzt zu einem kleinen Abenteuer. In einer Aufführung erwarten die Zuschauer lang Geprobtes, nahezu perfekt Nachvollzogenes. Das bisherige Tun aber war spontan und Aufführungen geschahen zeitnah, nichts ist einstudiert, aber die Erwartungen des Publikums stehen im Raum – ein Konflikt, der sich nicht lösen lässt, weil er in gewisser Weise dem Projektcharakter widerspricht. Gemeinsam legen die Kinder fest, dass der erste und zweite Abschnitt der Geschichte aufgeführt werden soll. Sie möchten Schauspieler sein, begleitet von Musikern, die im ersten Teil »Alltagsinstrumente«, im zweiten Musikinstrumente zum Klingen bringen. Die Musikpädagogin will als zurückhaltender Dirigent Einsätze geben und ab und an etwas von der Rahmenhandlung erzählen, falls nötig. Dann möchte Arda seine in der 9. Stunde erdachte eigene Geschichte erzählend und musizierend vortragen. Vier Wochen liegen dazwischen, aber er kann sich noch an viele Teile erinnern. Allerdings hätte er lieber immer wieder Neues erfunden, als das Alte für die nächsten zwei Stunden festzuschreiben. Er hält nicht viel von Generalprobe und Aufführung. Als Abschluss soll die von den Mädchen in der letzten Unterrichtsstunde erfundene Geschichte von »Pling im Meer« zur Aufführung kommen. Zwei der Mädchen übernehmen die Führung und legen alles genau fest: Sie suchen die Schauspieler, die Instrumente und ihre Spieler aus, planen Requisiten und Kostüme und hoffen, dass die Mütter diese nähen, was aus Zeitmangel leider nicht gelingt. Melanie notiert für die vier Szenen Namen der Schauspieler und Musiker, mit Küchengerätschaften oder Musikinstrumenten, und spielt mit allen einmal das Ganze von Anfang bis zum Ende durch. Danach macht sie sich schon ein wenig Gedanken, ob das mit der Aufführung wohl klappen wird?

Erlebnisstunde 14

Generalprobe mit Tücken

Sobald die Kinder den Raum betreten, beginnen sie zu schauspielern und fragen nach Küchen- oder Musikinstrumenten, denn sie möchten ihre Klangentdeckungen der vergangenen Woche mitteilen und musikalisch umsetzen. Heute soll es allerdings nur um die Aufführung gehen, das in der letzten Stunde Festgelegte eingeübt werden, worauf sich viele erst einmal einstellen müssen, und es scheint, dass sie es eher Melanie zuliebe tun. Die meisten möchten durchaus ihren Eltern etwas vorführen, aber das könnte ihrer Meinung nach auch spontan entstehen. Hier übernimmt die Musikpädagogin die Führung, erinnert die festgelegten Rollen und Instrumentenverteilung und möchte die Aufführung wie geplant vorbereiten. Bislang haben die Kinder in ihrer kleinen Gruppe vorgetragen, jetzt sollen sie indes von allen Eltern verstanden werden, während die dreifache Anzahl an Kindern um sie herum ist – eine große Herausforderung. Einen Text laut und deutlich sprechen, in Richtung der Stühle, auf denen am nächsten Tag das Publikum sitzen wird, und auch nur so viel Text, wie zu der eigenen Rolle in diesem Moment gehört, damit die Geschichte verstanden werden kann – das alles ist ziemlich schwierig. Manch einem, der im freien Spiel vieles erzählen konnte, fällt nichts mehr ein. Daraufhin gibt die Musikpädagogin einige Sätze vor, die Erinnerung kommt wieder, aber so richtig Freude bereitet das nicht. Die Musiker warten geduldig, bis die Schauspieler geprobt haben. In der vergangenen Stunde hatten sie Aufzeichnungen von ihren Einsätzen angefertigt, allerdings war damals die Zeit dazu recht knapp und die Zeichnungen weisen Lücken auf, so dass heute weiter daran gefeilt wird. Das anschließende Zusammenspiel von Schauspielern und Musikern gelingt unerwartet gut. Ardas Geschichte kann jedoch nicht geprobt werden, da er heute nicht im Kindergarten ist.

Die Mädchen, die den Abschlussteil der Aufführung in die Hand genommen haben, sind ganz und gar in ihrem Element. Heute überraschen sie mit einem glitzernden Märchenschloss, welches sie im Laufe der vergangenen Woche mit großem Engagement gebastelt haben. Im Schloss wohnt eine Meerjungfrau und erlebt viele Abenteuer, von denen sie mittlerweile ganz genaue Vorstellungen haben. Detailliert planen sie nun das Bühnenbild zu ihrer Geschichte. Helle und dunkle, auf dem Boden liegende Tücher stellen das Dunkle und Lichte im Meer dar, zwischen denen sich Pling bei seiner Reise bewegt. Tobias, der ihre Geschichte heute zum ersten Mal hört, erhält von ihnen eine Hauptrolle und lässt sich ganz auf ihre Vorstellungen ein. Bis zum Ende der Stunde verbessern sich die Kinder selbst immer wieder im Schauspiel. Auch mit den Musikern sind sie ab und an unzufrieden und suchen gemeinsam nach neuen Lösungen, bis zumindest die Mehrheit dem Spiel zustimmt und es für aufführungsreif hält. Immer mehr Kinder werden eingebunden, denn alle sollen mitmachen. Froh und zufrieden verlassen sie am Ende der Stunde weiter über ihre Pläne nachsinnend den Raum.

Erlebnisstunde 15 **Glanzvoller Auftritt der Vorschulkinder**

Den ganzen Tag über, so berichten die Erzieherinnen, sind die Kinder aufgeregt und in Vorfreude auf die am Nachmittag stattfindende Aufführung. Arda ist wieder anwesend, möchte aber sein eigenes Stück nicht vorspielen, dafür übernimmt er kurzfristig die Hauptrolle von Tobias, der heute krank ist.

Die Aufführung beginnt. Eltern, Großeltern und Erzieherinnen kommen, aber sie sollen heute nicht nur zuschauen, sie dürfen mitwirken. Raschelnde, knisternde und knackende Dinge werden den staunenden Besuchern ausgeteilt, später sollen sie an vorgegebenen Stellen entscheiden, ob der Klang ihres »Instrumentes« passt und sie mitmachen wollen. Gespannt warten alle Kinder im Hintergrund bis sie endlich auf die Bühne können. Dann sind sie mit Feuereifer dabei und übertreffen sich selbst.

Vor jeder der drei Szenen wechseln Orchester und Schauspieler. Fast alle der über zwanzig Kinder wissen, was sie wann zu tun haben. Sie brauchen kaum Hilfestellungen. Hinter der Bühne klagt Niwasi während der Ansage zu ihrer Szene, sie wolle jetzt nicht mehr auf die Bühne gehen, sie könne das absolut nicht. Angesichts der Hauptrolle und des vielen Textes, den sie zu sagen hat, verlässt sie der Mut. Ob sie die einführende Rede gut verstanden habe, fragt Petra. »Na ja, ein bisschen lauter hättest du schon sprechen können«, meint sie. »Gut, dann probiere du jetzt mal, wie laut du sprechen kannst, und ich lausche. Dann kannst du mich nachher fragen, ob ich dich gut verstehen konnte.« Nach einiger Überlegung sagt sie: »Okay, ich hab den Mut und mach das«, und geht noch etwas verlegen auf die Bühne. Dort allerdings entfaltet sie ihr ganzes Potenzial, mit lauter Stimme bereitet sie auch mit zusätzlichen kleinen Einlagen schließlich allen Anwesenden viel Freude und erntet großes Lob. Omed, der mit seiner Kreativität oft beeindruckte, hat auch heute alles gut im Griff und übernimmt souverän die Führung seiner »Plings« Aryan und Shajan. Auch diese beiden Jungen, die sich sonst eher wenig hervortaten, aber durchaus an einigen ideenreichen Aktionen gezeigt haben, dass noch viel mehr in ihnen steckt, spielen hervorragend.

Auch Luca B. überrascht bei der Aufführung mit seinem Instrumentalspiel. Einfühlsam und vielfältig begleitet er mit mehreren Instrumenten gleichzeitig. Schon während der letzten Stunden beeindruckte er im freien Experimentieren, wurde zunehmend mutiger und entwickelte großartige Ideen. Maria, die von Anfang an gerne schauspielerte und sich mutig auf der Bühne bewegte, glänzt heute mit präzisen Einsätzen. Phinnaeus findet wunderbare Worte, um den Übergang zwischen den Szenen zu schaffen, und trägt sie mit starker Stimme vor. Er wirkt selbstbewusst und sicher in seiner Rolle. Jolin traut sich nach dem »Kocherlebnis« plötzlich in der Gruppe sehr viel mehr zu, während der Aufführung spielt sie sehr einfühlsam auf den Instrumenten, gibt sogar eine kleine Soloaufführung und achtet sehr genau auf ihren präzisen schauspielerischen Einsatz. Alissa, Arda und Tobias haben während des Projektes großartigen Ideenreichtum entwickelt und ihre Willenskraft, die Dinge umzusetzen, war vielen ein Vorbild. Sie konnten in vollen Zügen die bestehenden Freiräume für sich nutzen. Chiara, Geraldine, Mehwisch und Leon haben intensiv Instrumente ausprobiert und fanden erstaunlich viele unterschiedliche Klangvarianten. Saeb war im rhythmischen Empfinden Vorbild für alle, bei der Aufführung spielt er sehr harmonische Lieder am Flaschenxylophon, die andere direkt zum Tanzen anregen. Antonia hat sowohl im Theaterspiel als auch in der Musik zunehmend Fähigkeiten entdeckt, sich differenziert auszudrücken. Sechs weitere Kinder, die auf Wunsch ihrer Eltern namentlich nicht genannt werden, haben sehr kreative Ideen entfaltet, erfanden Geschichten, Lieder, Tänze und gestalteten das Bühnenbild mit. Beim Auftritt glänzen sie mit souveränen Vorträgen und spontanen Einfällen, die sie unvermutet zum Besten geben, damit ein wenig Verwirrung stiften, aber auch zeigen, wie ungezwungen und spielerisch sie Texte und musische Fähigkeiten einsetzen können.

»Ich bin sehr beeindruckt von den Leistungen der Kinder, vor allem von der Eigenständigkeit im Vertonen und Inszenieren der Geschichte«, sagt eine Mutter »Es hat mir sehr gut gefallen, wie mutig die Kinder auf der Bühne standen, so selbstbewusst habe ich meine Tochter selten gesehen. Eine tolle Aufführung«, lobt ein enthusiastischer Vater. Und die Kinder strahlen vor Glück, ihnen ist durchaus bewusst, was sie Wunderbares gemeinsam vollbracht haben.

4 PRESSESTIMMEN UND WORTMELDUNGEN

Im *Bergischen Handelsblatt* vom 03.08.2011 heißt es:

»Pling« erlebt Abenteuer

20 Vorschulkinder der Kindertagesstätte ZAK inszenierten eigenständig die Reisen des kleinen Tröpfchens »Pling« und führten sie in einer Erlebnisaufführung vor, in der sogar die Zuschauer mitmachen durften. Das erstmals erprobte pädagogische Modellprojekt hat Fünf- bis Sechsjährigen ein vielfältiges Experimentierfeld geboten, in dem sie sich spielerisch-musikalisch mit Wasserkreisläufen befassten. Im Vordergrund stand eigenes freies Experimentieren ...

Die *Bergische Landeszeitung* schreibt am 21.07.2011 ergänzend:

Kinder begleiten den Tropfen Pling

... Die Mädchen und Jungen fanden Klänge zur Geschichte, spielten Theater, tanzten und erweiterten die Handlung. Das Modellprojekt der Lenz-Stiftung half den Kindern, ihre künstlerischen Talente zu entdecken ...

Auch auf der Internetseite des Stadtteils, in dem der Kindergarten ansässig ist, wird am 30.08.2011 unter *Bensberg im Blick, Ansichten-Aussichten-Ereignisse aus der Region* berichtet:

Bensberg im Blick

Die Vorschulkinder des ZAK begeisterten mit ihrem Können

... Neben Geige, Cello und einem mannigfaltigen Instrumentarium benutzten sie verwandelte, klingende Dinge aus Küche und Haushalt. Durch das Vertonen und Inszenieren der Geschichten erlebten die Kinder welche künstlerischen Fähigkeiten in ihnen stecken; sie erfuhren, dass die ganze Welt Klang ist, man sogar mit dem eigenen Körper vielfältige Klänge erzeugen kann und lernten ganz nebenbei die lebenserhaltenden Kreisläufe des Wassers intensiv kennen. Die Durchführung des von der Dr.-Ing.-Hans-Joachim-Lenz-Stiftung mitgeförderten Modellprojektes lag in den Händen der Musikpädagogin Melanie Ries (Beirat im Stadtverband KULTUR) und Petra Ehrler als Projektbegleitung.

Direkt nach dem »Glanzvollen Auftritt der Vorschulkinder« gab **Anne Bischof, stellvertretende Leiterin des Familienzentrums** in einem Interview ihren ersten Eindruck zum Musikalischen Spielraum kund. Sichtlich bewegt von dem gerade Erlebten sagt sie:

»*Es gab ganz berührende Momente in der Aufführung, in denen die Kinderphantasie durchgekommen ist, die sich ausgedrückt hat in der Geschichte oder der Instrumentation. Das ist entstanden durch eigene Gedanken, durch eigene Kreativität und davon gab es einige Szenen, das hat mir sehr sehr gut gefallen […]. Mir haben die Schneeflocken besonders gut gefallen, das war eine besonders schöne Verbildlichung von dem Prozess, dass aus Wassertropfen Schneeflocken werden, auch die Darstellung des festen und den schon im Tau begriffenen Zustands fand ich besonders toll. Musikalisch hat mir besonders gut die Szene ›Vom Fluss ins Meer‹ gefallen, da habe ich die Augen geschlossen und habe das wirklich miterleben können […].*«

»Besonders die Darstellung von [...] hat mir sehr gut gefallen, wie sie das gemacht hat, vor allem, wenn man weiß, dass sie am Anfang Sprachförderung hatte und erst mit viereinhalb wirklich angefangen hat Deutsch zu sprechen und es lange gedauert hat, bis sie sich hier wohlgefühlt hat und Freunde gefunden hat. Ihre ganze Entwicklung war sehr verzögert, [...] dann ist es einfach genial zu sehen, dass sie da steht, sich traut und Spaß daran hat [...]. Da gibt es andere Kinder, die sind schon mit drei Jahren bei Weihnachtsaufführungen nach vorne gegangen, aber das hat sie nie gemacht, von daher ist das toll, dass sie das heute gemacht hat, und sie hat laut und deutlich gesprochen, ganz toll! [...] Und dann ist mir eine Cellospielerin besonders aufgefallen, die sichtlich Freude daran hatte, mit dem Instrument dazusitzen, die so sehr mit sich selbst beschäftigt war, dass sie alles drumherum vergessen hat, da war es dann manchmal nicht so ganz stimmig aber sie war so ganz mit Leib und Seele dabei, das ist ja das Wichtige. Und die Schneeflocken waren so sehr agil, die hätten auch noch sonst was machen können, weil sie so quecksilbrig herumtingelten [...] und auch der Delphin und die Meerjungfrau sind nicht unbedingt Kinder, die sich so vor einer größeren Gruppe darstellen [...] da fand ich es ganz enorm, was die Kinder gemacht haben, sie sind sehr viel selbstbewusster geworden, denen hätte man vor einem halben Jahr eine Hauptrolle noch nicht zugetraut [...] sie waren sehr stolz. Das ist ja auch eine Wertschätzung.«

»Ich bewerte das Projekt sehr hoch, ich denke, es ist eine ganz wichtige und wertvolle Arbeit. Was ich so klasse fand, ist der Freiraum, den die Kinder hatten. Es war anders, als ich Klanggeschichten kenne, da es Möglichkeiten gab, sich auszuprobieren, und gerade bei einer solchen Darstellung, da gibt es ja kein Richtig und Falsch [...] damit ist es Mut machend und eine Wertschätzung, weil jeder Beitrag zählt. Da werden unterschiedliche Bereiche tangiert, die Wahrnehmung und Kreativität, es hat aber auch sehr viel mit dem sozialen und emotionalen Bereich zu tun. Damit deckt das Projekt ein sehr breites Spektrum ab [...]. Ich hätte mir einen Film als Gesamtdokumentation über das Projekt gewünscht.«

5 Abschlussbetrachtung und Ergebnisauswertung

Der *Musikalische Spielraum* ist ein Projekt zur ganzheitlichen Bildungsförderung und bietet eine musisch vielfältige und anregende Umgebung zur Entwicklung der innewohnenden Musikalität unserer Kinder. Der *Musikalische Spielraum*

- **eröffnet Zugang zu Musik, Tanz und Theater**
  Alle 24 Kinder, die an der Durchführung des Projektes teilnahmen, haben nach Herzenslust experimentiert, Klang, Aussehen und Funktionsweise der bereitgestellten Instrumente erkundet und sich mit deren Eigenarten und Besonderheiten vertraut gemacht. Die meisten kannten nur wenige davon und hatten selten eines zuvor in der Hand gehalten. Anfänglich griffen sie häufiger zu Rassel, Kokiriko und Zimbel, im Verlauf der Unterrichtsreihe sind Geige, Cello, Meerestrommel und Harpi zu den Favoriten aufgestiegen. Einige Kinder haben sogar ihr Lieblingsinstrument dabei gefunden. Mit Eifer haben sie auch klingende Dinge aus Küche und Haushalt untersucht und nach Qualitäten und Eigentümlichkeiten dieses kuriosen Instrumentariums geforscht. Bis zur zweiten Projekthälfte hatte sich etwa ein Drittel der Kinder so viele Kenntnisse über die Einsatzmöglichkeiten der Instrumente und Alltagsgegenstände erarbeitet, dass sie zum Vertonen der Geschichte nicht mehr nur eines, sondern gleich mehrere auswählten, mit einer relativ klaren Vorstellung darüber, welche Instrumente zusammenpassen und in Kombination von ihnen gespielt werden konnten.

  Für das Tanzen und Theaterspielen haben sich etwa zwei Drittel der Kinder begeistert. In den ersten Erlebnisstunden kamen allerdings nur einzelne ins Tun, die meisten entwickelten erst im Verlauf der Stunden eigene Ideen und setzten diese dann selbständig um. Dazu schlüpften sie in eine Figur aus der Geschichte, verkörperten diese mit ihren Erlebnissen und Gefühlen in freier Darstellung oder im Ausdruckstanz. Manche Kinder sind durch das Instrumentalspiel ihrer Freunde zum gemeinsamen Tanzen angeregt worden. So haben sich mehrfach kleinere Gruppen von Tanzbegeisterten gebildet; mit bunten Tüchern geschmückt, umkränzten sie lachend oder singend die Musizierenden.

- **entwickelt sprachliche Ausdrucksfähigkeit**
  Deutliche Verbesserungen in Wortschatz, Wortwahl und Ausdrucksfähigkeit konnten festgestellt werden. Die Freude und der Mut, sich zu äußern und frei vorzutragen, sind gewachsen. Zum einen bot die Pling-Geschichte eine gute Grundlage zum Nacherzählen, zum anderen gab sie auch Anregung, um eigene Geschichten weiterzuspinnen, was erstmals in der 6. Stunde geschah. Ab der 9. Stunde wollten etliche Kinder von neuen, selbst erdachten und teilweise sehr langen Abenteuern des Wassertröpfchens erzählen. Teilweise haben sie sich dabei selbst mit Instrumenten und/oder Gesang begleitet. Das in der 10. Stunde aufgestellte Rednerpult bot gerade den zurückhaltenden Kindern einen besonderen Anreiz, ihre Geschichten darzubieten. Und das Lob der aufmerksam zuhörenden Freunde weckte dann immer noch größere Lust zum Erzählen. Auch in Vorbereitung auf die Aufführung haben viele Kinder ihre Scheu, vor einer größeren Gruppe aufzutreten, überwunden: Laut, deutlich und selbstbewusst sprachen sie zu den Besuchern, was besonders für einige Kinder mit Migrationshintergrund eine große Herausforderung war.

- **greift das Grundbedürfnis nach Bewegung und Körpergefühl auf**
  Dass Kinder großen Bewegungsdrang haben, ist schon in der ersten Stunde offensichtlich geworden, allerdings hat er sich eher in Rennen und Toben geäußert. Mit zunehmender Inbrunst am eigenständigen Erkunden und Lernen konnten sie sich mit immer mehr individuellen Bewegungsalternativen kreativ im Spiel, Tanz oder Theater äußern. Die Idee, den Körper als Instrument zu sehen, hat bei den Kindern zunächst Erstaunen, aber auch Neugier geweckt; sie fanden viele unterschiedliche Möglichkeiten, Klänge zu erzeugen und berichteten von spannenden Geräuschen und Resonanzen, die sie an ihrem Körper entdeckt oder mit ihm produziert hatten – für die meisten eine völlig neue Form der Wertschätzung ihres Daseins.

- **fördert Eigeninitiative und Selbstständigkeit**
  Bis sie den Freiraum, der ihnen zur Verfügung gestellt wurde, so richtig einschätzen und nutzen konnten, hat es bei vielen Kindern eine Weile gedauert. Ihre anfänglich eher passive Haltung, in der sie auf Anweisungen und Vorgaben der Lehrerin warteten, wurde durch Ermutigung zum selbständigen Ausprobieren und durch das Vorbild anderer Mitstreiter aufgebrochen. Schließlich haben sich alle mit Ideen und kreativen Umsetzungen eingebracht. Ab der 12. Erlebnisstunde ist bei einigen der Tatendrang sogar so groß geworden, dass sie in den Raum stürmten und darauf fieberten, die Ideen, die sie schon vor der Stunde gesponnen hatten, sogleich umsetzen zu können. Die Kinder haben erlebt, wie ihnen ihr Handeln Wert verschafft. So sind sie – angetrieben von Begeisterung und Entdeckerlust – immer selbständiger geworden. »Es hat mir sehr gut gefallen, wie mutig die Kinder auf der Bühne standen, so stark und selbstbewusst habe ich meine Tochter selten gesehen«, sagte ein Vater nach der Aufführung.

- **profiliert Forscherdrang und Erfindergeist**
  Kinder wollen experimentieren, ihr Einfallsreichtum kennt keine Grenzen. Und sie haben ausprobiert und herausgefunden, welche Instrumente sie gleichzeitig spielen oder wie sie dazu singen können. Das Zusammenspiel in der Gruppe hat viele Variationen hervorgebracht. Und obwohl sie nie Noten kennengelernt hatten, fanden sie Mittel und Wege (hier Handzeichnungen, siehe Kapitel 3) darzustellen, was, wann und mit welchem Instrument zu spielen sei, und zwar so exakt, dass sie »ihre Werke« auch noch nach Wochen wiederholen konnten. Die selbst erdachten Stücke waren manchmal kurz, spürbar war aber, dass sie dem Urheber viel bedeuteten. Jedes Kind hat so einen ganz eigenen Weg musischen Schaffens beschritten, der individuelle Neigungen und Vorlieben erkennen lässt.[1]

- **schult Wahrnehmung und Hörsinn**
  Die Kinder haben »große Ohren« bekommen, wie es im ersten Teil der Geschichte heißt. Im Verlauf der 15 Erlebnisstunden konnten sie immer mehr Klänge und Geräusche wahrnehmen und unterscheiden. Anfänglich haben sie meist noch wenig differenziert auf den Instrumenten gespielt, eher

laut und eintönig, doch nach und nach ist das Musizieren immer feiner und bewusster geworden, da, wie ein Mädchen es formulierte, »sie endlich richtig hingehört« habe. Der gemeinsame Rückblick am Ende der Stunde auf alles neu Entdeckte hat eine Menge dazu beigetragen. In solchen Momenten herrschte oft knisternde Aufmerksamkeit im Raum und so manches Mal zog ein leises Raunen durch die Lüfte: »Das probiere ich auch gleich mal aus.«

Mit diesen Erfahrungen haben die Kinder auch in ihrem Alltag vermehrt hin- und zugehört, wie aus ihren Berichten über neue ungewöhnliche klangliche Abenteuer und Begebenheiten hervorging, denen die Zuhörenden im Kreis wiederum ihre ganze Aufmerksamkeit schenkten.

- **befördert und bestärkt das soziale Miteinander**
  Wenngleich die Kinder zu Anfang lieber alleine singen, tanzen oder schauspielern wollten, hat sich das Miteinander fast wie von alleine eingestellt, sobald sie eigene Geschichten erdenken und präsentieren konnten. Dazu haben sie sich ihre »Musiker« und »Schauspieler« selbst ausgesucht. Unterschiede von Nationalitäten und Hautfarben spielten dabei keine Rolle, wohl aber wie überall Vorlieben für Freunde. Das gedeihliche Miteinander war ihnen gegen Ende des Projektes so wichtig, dass sie auch auf zuschauende Erwachsene – hier die Pädagogen – hätten verzichten können. Immer wenn sie sich zu einem »Orchester« zusammenfanden und merkten, wie sie gemeinsam zauberhafte Klänge hervorbringen konnten, strahlten sie vor Glück. Vielleicht waren dies Augenblicke, in denen etwas geschehen war, was der Neurobiologe Gerald Hüther als »Sternstunden-Erlebnisse« bezeichnet: »*Wenn Kinder erleben, dass beim Musizieren, beim Hören von Musik alles zusammenpasst, erleben sie diese Momente als Sternstunden, als now-moments, die sie veranlassen, auch im künftigen Leben und in anderen Lebensbereichen danach zu suchen und Bedingungen zu schaffen, dass alles zusammenpasst. Besonders eindrücklich erleben Kinder solche Sternstunden nicht beim Englischunterricht im Kindergarten, sondern bei gemeinsamen, unbekümmerten, nicht auf das Erreichen eines bestimmten Zieles ausgerichteten und nicht durch gerätetechnische Schwierigkeiten behinderten Tätig-*

keiten […]. Die Erfahrung von sozialer Resonanz ist eine der wichtigsten Ressourcen für die spätere Bereitschaft, gemeinsam mit anderen Menschen nach Lösungen für schwierige Probleme zu suchen.«[2]

- **bringt den lebensspendenden Prozess des Wasserkreislaufs ins Spiel**
  Die Geschichte von Pling handelt vom Wasserkreislauf auf der Erde, also von dem uns in jedem Moment umgebenden lebensspendenden Prozess, der sich still und unaufdringlich vollzieht. An ihren vielfältigen Beobachtungen und Erkenntnissen zur Allgegenwärtigkeit des Wassers, ob in der Pflanze, im Tier, in der Nahrung, im eigenen Körper oder im Weltraum, haben uns die Kinder ständig teilhaben lassen. Spätestens ab der 11. Stunde hat sich durch die selbst erdachten Geschichten und Bilder der Eindruck bestärkt, dass alle den Wasserkreislauf nunmehr verstanden hatten. Dies bestätigten auch die anderen Erzieherinnen der Kita, die das Thema besonders hochschätzten; sie begrüßten es ausdrücklich, dass auf diese Art eine Lebensweisheit bereits im Kindergartenalter vermittelt worden ist.

- **bietet Eltern Anregung für eigene musikalische Aktivitäten in der Familie**
  Die Anregung, mit Alltagsgegenständen »Musik« zu machen, könnte den Familienalltag bereichern. Am Abschlusstag haben einige Eltern davon gesprochen, wie sehr ihnen diese Anregung vom Elternabend noch in guter Erinnerung sei, doch in der Hetze des Alltags nicht umgesetzt werden konnte. Um der Bedeutung des gemeinsamen Musizierens größere Schwingkraft zu verleihen, wäre eine stärkere Einbindung der Elternschaft in das Projektgeschehen anzustreben. Neue Impulse sind zu geben, um Wege aus der Gestresstheit und/oder Trägheit bei gleichzeitiger Hinwendung zum Musischen, zum Leben ist Klang, zu finden.

Fazit

1. Der themenübergreifende Ansatz von Musik, Sprache und Bewegung ist in besonderem Maße geeignet, einen Erfahrungsraum zur Verfügung zu stellen, in dem sich das Kind eigenständig und ausdrucksvoll entfalten kann. Es gewinnt Selbstwert und Selbstvertrauen im Lichte seiner Persönlichkeitsfindung.

2. Das soziale Miteinander wird spielerisch eingeübt. Das Erlebnis harmonischen Gleichklangs fördert die Fähigkeit, Konflikte und Probleme miteinander zu lösen. Die Anerkennung durch die Gruppe stärkt den Einzelnen.

3. Wahrnehmung und Hörsinn werden geschult, wesentliche Voraussetzungen zur Schulfähigkeit. Zuhören und Hinhören sind elementare Säulen zum Lernen und respektvollen Miteinander.

Der Musikalische Spielraum – ein Modellprojekt mit Zukunft

---

1 Vgl. dazu H. Jacoby: *Jenseits von ›Musikalisch‹ und ›Unmusikalisch‹* Hrsg. Von Sophie Ludwig, Christians Verlag, Hamburg 1995/2.Aufl., S.19. Als Musiker und Begabtenforscher fordert er 1922 schöpferische Musikerziehung: »*... Von Anfang an sucht eine solche Entwicklung an die unbewußten, spontanen musikalischen Lebensäußerungen anzuknüpfen und läßt ... an die Stelle der Reproduktion und Nachahmung – die konsequente Anregung zur selbständigen Erfindung musikalischer Gebilde treten.*«

2 Gerald Hüther, in Dorothée Kreusch-Jakob: *Kinder für Musik begeistern*, Knaur Verlag, München 2009, S. 37/38.

LITERATURVERZEICHNIS

Gross, Werner: *Was erlebt ein Kind im Mutterleib?* Herder Verlag, Freiburg 1982.

Gruhn, Wilfried: *Musikalische Lernstadien und Entwicklungsphasen beim Kleinkind.* In: Gembris, H., Kraemer, R.-D., Maas, G. (Hrsg.): *Macht Musik wirklich klüger?* Wißner Verlag, Augsburg 2001 (Musikpädagogische Forschungsberichte, Bd. 8).

Hüther, Gerald, in Kreusch-Jakob, Dorothée: *Kinder für Musik begeistern*, Knaur Verlag, München 2009.

Jakoby, Heinrich: *Jenseits von ›Musikalisch‹ und ›Unmusikalisch‹.* Die Befreiung der schöpferischen Kräfte, dargestellt am Beispiele der Musik. Aufsätze und Vorträge aus den Jahren 1924–1927. Hrsg. von Sophie Ludwig, Christians Verlag, Hamburg 1995.

Lanz, Klaus: *Das Greenpeace Buch vom Wasser*, Naturbuch Verlag, München 1995.

Montessori, Maria: *Grundgedanken der Montessori-Pädagogik*, zusammengestellt von Oswald, P. u. Schulz-Benesch, G., Herder, Freiburg [17]2001.

Wolf, Gabriela: *Die Macht des ICH.* Zum Sein und Werden der Kinder und Jugendlichen, BOD, Norderstedt 2011.

BIOGRAPHISCHES

Melanie Ries, geboren 1972 in Freiburg, Mutter eines Sohnes, arbeitete zunächst als Bürokauffrau und als Kinderpflegehelferin in einem Kinderheim, bevor sie sich autodidaktisch zur freien Musikpädagogin ausbildete und am Fortbildungsprogramm »Kita macht Musik« teilnahm. Seit 2008 führt sie mit Kindergarten- und Grundschulkindern Musiktheaterprojekte unter der Verwendung von Orchesterinstrumenten durch.

Petra Ehrler, geboren 1959 in Wiesbaden, Mutter von drei Kindern, studierte Dipl. Kommunikationsdesign und Pädagogik, M.A. Als pädagogische Praxisforscherin begleitet sie Projekte, die sich mit der Entwicklung und Erforschung neuer Lehr- und Lernmethoden beschäftigen. Sie hält Vorträge und leitet Seminare für Führungskräfte, die dazu anregen, das innewohnende Potential zu entfalten und mit einer wertschätzenden Sicht auf den Menschen eine neue (Unternehmens-) Kultur zu entwickeln.

EINE STIFTUNG zur Erneuerung geistiger Werte

Die Dr.-Ing.-Hans-Joachim-Lenz-Stiftung wurde 2002 als rechtsfähige öffentliche Stiftung des bürgerlichen Rechts mit Sitz in Mainz gegründet. Sie verfolgt ausschließlich und unmittelbar gemeinnützige Zwecke.

Im Wege der finanziellen Unterstützung fördert sie innovative und modellhafte Projekte auf den Gebieten der Bildung und Erziehung mit dem Ziel der Erneuerung geistiger Werte. Als Impulsgeber und Motor für dauerhafte und nachhaltige Konzepte konzentriert sie sich auf die junge Generation. Jugendliche für das Leben zu befähigen, an Werte des Geistes, an Würde, Freiheit und Toleranz zu erinnern, ist ihre höchste Aufgabe. Sie will Menschen begleiten vom Kindesalter bis zur Berufsreife, ohne soziale, politische, religiöse Unterscheidung im Sinne des Grundgesetzes. Die Themen der Stiftung sind:

Bildung
Hebung des kulturellen Niveaus
Erweiterung des allgemeinen Wissens
Zusammenführung von Geistes- und Naturwissenschaften
Persönlichkeitsentfaltung
Erneuerung eines humanistischen Menschenbildes

Erziehung
Entwicklung und Erprobung neuer Lehr- und Lernmethoden durch
- Spielendes Lernen
- Lernen durch Vorbild
- Wissenserwerb statt Wissensvermittlung

Sprache
Erhaltung und Stärkung der deutschen Sprache
Erweiterung und Pflege des Wortschatzes
Sprachliche Ausdrucksformen in Literatur und Poesie
Persönlichkeitsentfaltung durch Sprache, denn:

Mit unserer Sprache sind wir ein Leben lang unterwegs.

Die Förderung von Projekten im Sinne der Stiftungsziele wird aus Spendenmitteln finanziert. Die Akzeptanz der Stiftungsziele und des Förderprogramms drücken Spender mit ihren finanziellen Beiträgen aus. Wir freuen uns über jede Zuwendung:

Mainzer Volksbank BLZ 551 900 00, Kto. 400 4040

DR.-ING.-HANS-JOACHIM-LENZ-STIFTUNG
STIFTUNG ZUR ERNEUERUNG GEISTIGER WERTE

Am Michelsberg 1, D-55131 Mainz, Tel. 06131-832255, Fax 06131-85534
E-Mail: info@lenz-stiftung-mainz.de, www.lenz-stiftung-mainz.de

Dr. Ing.-Hans-Joachim-Lenz-Stiftung

In der Edition werden Forschungsergebnisse und Modellprojekte aus dem Förderprogramm der Dr.-Ing.-Hans-Joachim-Lenz-Stiftung im Sinne der Nachhaltigkeit und Gemeinnützigkeit publiziert.

Band 1 – Die heilige Stadt
Eine Vision am Beispiel der Stadt Mainz
von Hans-Joachim Lenz,
56 Seiten, broschiert, € 8,80, ISBN 978-3-938088-00-5

Band 2 – Am Anfang waren die Werte
Plädoyer für eine Neuorientierung in der Erziehung
von Kindern und Jugendlichen
von Gabriela Wolf
132 Seiten, broschiert, € 13,80, ISBN 978-3-938088-01-2

Band 3 – Leben ist Spiel
Eine Ferienwoche als Lebensschule
von Gabriela Wolf mit Christine Bredenhöller, Andrea Heck, Angelika Humann, Margit Kluge, Reinhild Michel, Sonja Wagener, Heidi Wiehr, reich bebildert.
192 Seiten, broschiert, € 25,00, ISBN 978-3-938088-02-9

Band 5 – Freunde fürs Leben
Die Körperwelt im Spiel erkunden
Hrsg. Andreas Krause mit A. Heck, A. Humann, G. Wolf
180 Seiten, broschiert, € 15,80, ISBN 978-3-938088-05-0

Band 7 – Das vergessene Wort I
Vom Reichtum der deutschen Sprache
in Darmstadt, Weinheim und Oppenheim
von Katrin Bibiella
291 Seiten, broschiert, € 24,80, ISBN-978-3-938088-07-4

Band 10 – Ehrfurcht vor dem Leben
Albert Schweitzer zur Erneuerung der Kultur
von Claudia Burghart
140 Seiten, broschiert, € 12,80, ISBN 978-3-938088-12-8

Band 11A – Jugend lehrt Jugend
Ein pädagogisches Modellprojekt in Bad Kreuznach
von Sonja Wagener
Teil I: 101 S., brosch.,€ 8,80, ISBN 978-3-938088-11-1
Teil II: 113 S., brosch.,€ 9,80, ISBN 978-3-938088-13-5
Teil III: 99 S., brosch.,€ 8,80, ISBN 978-3-938088-20-3

Band 11B – Jugend lehrt Jugend
Ein pädagogisches Modellprojekt in Overath
von Petra Ehrler
Teil I: 105 S., brosch.,€ 9,20, ISBN 978-3-938088-10-4
Teil II: 167 S., brosch.,€ 14,20, ISBN 978-3-938088-14-2
Teil III: 115 S., brosch.,€ 9,80, ISBN 978-3-938088-23-4

Band 12 – Das vergessene Wort II
Vom Reichtum der deutschen Sprache
in Heidelberg und Weimar
von Katrin Bibiella
166 Seiten, broschiert, € 14,20, ISBN 978-3-938088-08-1

Band 13 – De Dignitate Hominis
Zum Menschenbild in der Geschichte der Pädagogik
von Gabriela Wolf
160 Seiten, broschiert, € 14,20, ISBN 978-3-938088-09-8

Band 14 – Handeln als gelebter Wert
Aus Hannah Arendts Leben und Werk
von Patricia Rehm
146 Seiten, broschiert, € 12,80, ISBN 978-3-938088-15-9

Band 15 – KulturForumWissen 2007
„Wir sind auf dem Weg."
Ein Menschenbild zwischen Geist und Materie
von Hans-Joachim Lenz
52 Seiten, broschiert, € 5,80, ISBN 978-3-938088-16-6

Band 16 – Das vergessene Wort III
Vom Reichtum der deutschen Sprache
in Aschaffenburg
von Katrin Bibiella
103 Seiten, broschiert, € 9,20, ISBN 978-3-938088-17-3

Band 18 – Das Tagebuch
Ein Medium zur Selbstreflexion
von Sabine Gruber
122 Seiten, broschiert, € 10,80, ISBN-13 978-3-938088-19-7

Band 19 – Leben ist Spiel II
Eine Ferienwoche als Lebensschule in Overath
von Petra Ehrler u. a., reich bebildert
158 Seiten, broschiert, € 14,90, ISBN-13 978-3-938088-21-0

Band 20 – KulturForumWissen 2008
Vergessene Werte – Von den Wurzeln der Kultur
239 Seiten, broschiert, € 22,90, ISBN-978-3-938088-22-7

Band 21 – KulturForumWissen 2009
Liebe – das All-Eine
173 Seiten, broschiert, € 16,80, ISBN 978-3-938088-24-1

Band 22 – Das vergessene Wort IV
Vom Reichtum der deutschen Sprache
in Marburg
von Katrin Bibiella
128 Seiten, broschiert, € 11,80, ISBN 978-3-938088-25-8

Band 23 – Das Hohelied vom Menschen
Eugen Finks Deutung der menschlichen Existenz
von Angelika Humann
85 Seiten, broschiert, € 8,80, ISBN 978-3-938088-26-5

Band 24 – KulturForumWissen 2010
Menschen, die die Welt bewegten
167 Seiten, broschiert, € 16,80, ISBN 978-3-938088-27-2

Band 25 – Musikalischer Spielraum
Frühbildung mit Wort, Klang und Bewegung
von Melanie Ries und Petra Ehrler
76 Seiten, broschiert, € 12,90, ISBN 978-3-938088-29-6

Band 26 – KulturForumWissen 2011
Menschen, die die Welt bewegten
181 Seiten, broschiert, € 18,80, ISBN 973-3-938088-29-6

Band 27 – Das vergessene Wort V
Vom Reichtum der deutschen Sprache
in Bad Homburg v. d. Höhe
von Katrin Bibiella
142 Seiten, broschiert, € 14,90, ISBN 978-3-938088-30-2

Band 28 – Des Wortes sanfte Macht
Salongespräche
von Ariane Martin
122 Seiten, broschiert, € 13,80, ISBN 978-3-938088-31-9

Weitere Projekte siehe:
www.lenz-stiftung-mainz.de